供电企业常见法律纠纷

案例评析

招标投标与合同管理类

刘慧　编著

中国电力出版社
CHINA ELECTRIC POWER PRESS

图书在版编目（CIP）数据

供电企业常见法律纠纷案例评析．招标投标与合同管理类 / 刘慧编著．—北京：中国电力出版社，2020.5（2022.6 重印）

ISBN 978-7-5198-4258-1

Ⅰ．①供…　Ⅱ．①刘…　Ⅲ．①供电－工业企业－招标投标法－经济纠纷－案例－中国②供电－工业企业－合同纠纷－案例－中国　Ⅳ．①D922.297.5②D923.65

中国版本图书馆 CIP 数据核字（2020）第 020251 号

出版发行：中国电力出版社
地　　址：北京市东城区北京站西街 19 号（邮政编码 100005）
网　　址：http://www.cepp.sgcc.com.cn
责任编辑：王　欢（010-63412240）
责任校对：黄　蓓　马　宁
装帧设计：郝晓燕
责任印制：钱兴根

印　　刷：三河市百盛印装有限公司
版　　次：2020 年 5 月第一版
印　　次：2022 年 6 月北京第二次印刷
开　　本：710 毫米×1000 毫米　16 开本
印　　张：13.5
字　　数：200 千字
定　　价：45.00 元

序

招投标工作是政策性强、操作程序繁杂的经济活动，首先强调合法合规性。企业招标采购，还要满足供应链运营的需要，特别强调效率和效益。二者如何协调，考验着企业的经营者。供电企业招标尤其是供电设施建设工程项目招标，使用国有资金采购，涉及社会公用事业，属于法律规制、政府管制和社会监督的重点。招投标也是企业法律风险、廉政风险相对比较集中的领域，供电企业实际发生的与招投标有关的法律争议纠纷也不少见。因此，规范招标活动，防范法律风险，保障依法合规，是供电企业经营管理的重要课题。

聚焦供电企业管理实际，梳理招投标关键环节存在的法律风险点和可能产生的争议焦点，有针对性地提出防范风险、加强管理的对策和建议，启示和推动相关专业人员规范组织招投标活动，非常有必要、有价值。基于此考虑，本书紧紧围绕供电企业招投标活动实践，选取典型案例，分析法律问题、揭示法律风险、提出管理要点，为读者提供了一本实用、专业的法律实务指南，有助于从业人员准确运用相关法律解决实践中的常见问题，有效管控招标采购法律风险，推动招标采购目标顺利实现，保障企业正常的生产经营秩序。

本书从选题到内容，非常契合当前供电企业的管理需求，具有重要的实践价值和指导意义。本书就当前供电企业招投标重点环节分八个专题论述，内容涵盖了招投标活动的关键领域，选取了在供电企业具有一定典型意义和代表性的案例，揭示了企业招投标工作中常见的法律风险点，并依据相关法律规定提出了防范风险的措施及管理要点，还摘录了与知识点相关联的重点法条方便读者直接查阅，结构脉络清晰，文字浅显易懂，内容重点突出，兼顾了可读性、实务性和可操作性。

本书适合供电企业管理人员尤其是从事电网建设、物资采购、法律事务等工作的同志阅读，可作为招投标专业培训教材、合规管理参考用书，也可作为招投标实务操作指南。我相信，通过阅读本书，有助于相关专业人员掌握相关法律条文和操作要点，进一步提高风险防控能力，增强合规意识，推动招投标活动依法规范进行，确保实现采购目标、经营效益，也能经得起后续的审计、检查。

本书作者常年在供电企业从事业务工作，对供电企业招标采购问题看得“清”、思考得“深”，提出解决方案“准”、措施“实”，体现出她对企业招标管理实践深入了解、对招投标法律制度精准把握以及对企业法务工作的深度热爱。她在繁忙的工作之余，还能坚持不懈地研究写作，将深厚的积淀和丰富的经验系统梳理总结，奉献给我们学习借鉴，这种精神令我钦佩不已。

白如银

2019 年 10 月

目　录

第一章 招　　标

第一节　应招未招、化整为零等规避招标的合同无效

一、案例

案例 1：200 万以上国有资产投资的电站工程应招未招，施工合同无效

案号：（2017）川 3422 民初 39 号

原告某公司于 2011 年 4 月 15 日与某县电力公司签订电站建筑承包施工合同后施工。该工程最终决算金额为 3335436.80 元，被告已支付 2700000.00 元，尚欠原告工程款 655436.80 元，原告多次找被告催要此款。被告某县供电公司以电站债务并未包含在县电力公司划转的资产范围内为由，一直未予支付。原告诉至法院。

法院认为，县电力公司于 2013 年 12 月整体上划为某市电力公司的全资子公司，虽电站工程的债权债务不在划转资产范围内，但某县供电公司对其上划前的债权债务承担责任。原告提交的施工合同，证明电站引水系统工程由原告承建。该工程估价在 200 万元以上。根据《工程建设项目招标范围和规模标准规定》，施工单项合同估算价在 200 万元人民币以上的国有资金项目，为依法必须招标的项目。故双方未经招标签订的合同应属无效，原告、被告双方应承担相应责任。虽然施工合同无效，但该工程已于 2012 年 7 月水毁，无法适用无效合同的办法处理。2013 年 5、6 月双方自愿结算应认定该工程已验收合格，参照双方在结算时依据的计价标准计算总工程量。判决被告某县供电公司支付原告工程款 595 485.98 元及相应的利息。

注：2000 年 5 月 1 日施行的《工程建设项目招标范围和规模标准规定》，于 2018 年 6 月 1 日起《必须招标的工程项目规定》施行后废止。“施工单项合同估算价在 200 万元人民币以上”调整为“施工单项合同估算价在 400 万元人民币以上”。

案例 2：公车购置应当招标，分别签订单项租赁合同属于规避招标

案号：（2019）云 25 民终 816 号

某公司是国有控股子公司。2012 年 3 月 6 日，该公司根据本公司项

目前期工作点多面广，车辆不能满足工作需要等情况召开总经理办公会议，决定“鼓励员工集资购买车辆，按市场行情租赁给公司”。2012 年 4 月 15 日，该公司与 3 位社会自然人分别签订车辆租赁合同，租用 3 台现代ix35、1 台别克车辆，并约定合同期限满后车辆的产权、使用权归公司所有。2013 年，该公司 27 名职工集资购买 3 台帕拉丁车辆，以员工罗某名义与公司签订了车辆租赁合同。2015 年 5 月 15 日至 6 月 5 日，经上级督查认为该公司存在通过职工集资违规变相购置公务车辆，向特定关系人输送利益、部分项目应招标未招标等问题，对相关责任人员作出党纪、政纪处分。27 名公司职工与公司签订的租车合同已解除，车辆已清退，但赵某等三名社会自然人与该公司间的车辆租赁合同未能解除。原告赵某等三人以被告某公司拖欠原告 2014 年 4 月 15 日至 2016 年 4 月 14 日的租金 513 600 元为由，诉至法院。

一审法院认为，本案被告属变相购置公务用车。根据《工程建设项目招标范围和规模标准规定》第四条规定，使用国有资金项目的重要设备材料等货物采购，单项合同估算在 200 万元人民币以上的，必须进行招标。被告作为国有企业，将依法必须招标的采购项目以分别签订单项合同的方式规避招标，违反了法律、行政法规的强制性规定，本案原被告双方签订的车辆租赁合同属于无效合同。原告主张按合同约定由被告支付相应租金，不予支持。鉴于本案被告至今占有租用车辆，且双方约定租期届满时车辆归被告所有，相互返还不符合本案实际，结合原告购车价，参照本地方租车市场行情，按车辆归被告所有，被告按每月每辆车 7000 元支付车辆占用期间相应租金的方式进行处理，以平衡双方利益。二审维持原判。

案例 3：医院是公用事业项目，未经招标签订的合作框架协议无效

案号：（2018）最高法民再 414 号

2013 年 5 月 30 日，某针灸医院为甲方，某公司为乙方签订了合作框架协议。双方约定以正式招投标的方式，由某公司承建针灸医院理疗后勤办公楼和职工公寓住宅楼、后勤办公楼，资金全部由乙方垫付，在商住楼竣工验收合格并能出售的情况下，甲方用住宅楼抵给乙方。一审法院认为，本案所涉工程项目属于关系社会公共利益、公众安全的公用事业项目，必须依法进行招标。判决《合作框架协议》因未履行招标手

续而无效。二审、再审维持该项判决。

案例 4： 国有参股公司使用财政资金建设的公共基础设施也应招标

案号：（2019）豫 15 民终 25 号

原告某达公司与被告某方公司于 2016 年 5 月 19 日签订保税物流中心项目总承包合同书，约定原告将某保税物流中心项目发包给被告承建。被告承接该工程后先行垫资建设。因工程款结算纠纷某达公司诉至法院，请求确认双方签订的合同无效。

一审法院认为，涉案项目某保税物流中心项目不属于我国法律规定的强制招标的范围，双方采用议标方式签订本合同，被告已按合同约定先行垫资，双方已实际履行多年，且被告已经承建完成部分工程，故原、被告签订的承包合同为有效合同，但由于原、被告双方均已无力继续履行合同，合同目的不能实现，故该合同应予以解除，原告拖欠被告的工程款待双方结算后由原告向被告支付或双方通过诉讼形式解决。判决解除原被告签订的项目总承包合同书。

二审过程中，某达公司提供证据证明其系国有参股企业，国有股东占有 49%股权，其使用的资金实质均为财政资金。二审法院认为，保税物流中心项目涉及的工程项目所用的资金，系区财政局专项出借用于土地摘牌、工程建设的财政资金，该工程涉及的项目均为具有一定行政管理职能的公共基础设施。案涉工程项目是使用专项国有资金必须进行招标的工程建设项目，双方签订的保税物流中心项目总承包合同违反法律强制性规定，应当招标而未招标，依法确认该合同无效。

案例 5： 应招未招施工合同无效，但超付的工程款应予返还

案号：（2018）甘 11 民终 1250 号

在工程未进行公开招投标的情况下，杨某于 2013 年 10 月 6 日以某公司（乙方）名义与弘某公司（甲方）签订了某水电站发电引水洞工程施工合同。后弘某公司与杨某发生矛盾工程停工。至诉讼时弘某公司比双方确认的杨某停工前的应付工程款超付 111 677 元。因杨某未按约定继续施工，导致案涉工程不能按期验收、结算。

一审法院认为，实际施工人杨某未取得建筑施工企业资质，弘某公司在签订合同前未进行招标。某水电站发电引水洞工程施工合同估价 216 万元，属于我国法律规定的强制招标的范围而没有招标，故该合同无

效。弘某公司应当招标而未招标，明知杨某无资质而允许杨某挂靠有资质的企业签订合同，应承担合同无效的主要责任。杨某无资质而挂靠有资质的企业签订合同，应承担合同无效的次要责任。因双方均有过错，双方应当各自承担相应责任。故对弘某公司主张返还工程款等诉讼请求和杨某主张支付拖欠的工程款等反诉请求均不予支持。

二审法院认为，过错责任的具体量化应充分权衡双方在签订、履行合同过程中的具体实情来判定，一审判决概而论之，对弘某公司与杨某的请求均予以驳回不当，应予纠正。改判由杨某向弘某公司返还超付的工程款、垫付的电费、建筑施工人员团体意外伤害保险费等共计254003.35元。

二、法律分析

（一）关键法条

《招标投标法》

第三条 在中华人民共和国境内进行下列工程建设项目包括项目的勘察、设计、施工、监理以及与工程建设有关的重要设备、材料等的采购，必须进行招标：

（一）大型基础设施、公用事业等关系社会公共利益、公众安全的项目；

（二）全部或者部分使用国有资金投资或者国家融资的项目；

（三）使用国际组织或者外国政府贷款、援助资金的项目。

前款所列项目的具体范围和规模标准，由国务院发展计划部门会同国务院有关部门制订，报国务院批准。

法律或者国务院对必须进行招标的其他项目的范围有规定的，依照其规定。

第四条 任何单位和个人不得将依法必须进行招标的项目化整为零或者以其他任何方式规避招标。

《招标投标法实施条例》

第二十四条 招标人对招标项目划分标段的，应当遵守招标投标法的有关规定，不得利用划分标段限制或者排斥潜在投标人。依法必须进行招标的项目的招标人不得利用划分标段规避招标。

《合同法》

第五十二条 有下列情形之一的，合同无效：

（一）一方以欺诈、胁迫的手段订立合同，损害国家利益；

（二）恶意串通，损害国家、集体或者第三人利益；

（三）以合法形式掩盖非法目的；

（四）损害社会公共利益；

（五）违反法律、行政法规的强制性规定。

《最高人民法院关于审理建设工程施工合同纠纷案件适用法律问题的解释》

第一条 建设工程施工合同具有下列情形之一的，应当根据合同法第五十二条第（五）项的规定，认定无效：

（一）承包人未取得建筑施工企业资质或者超越资质等级的；

（二）没有资质的实际施工人借用有资质的建筑施工企业名义的；

（三）建设工程必须进行招标而未招标或者中标无效的。

《必须招标的工程项目规定》（发展和改革委员会令第 16 号，2018 年 6 月 1 日起执行）

第二条 全部或者部分使用国有资金投资或者国家融资的项目包括：

（一）使用预算资金 200 万元人民币以上，并且该资金占投资额 10% 以上的项目；

（二）使用国有企业事业单位资金，并且该资金占控股或者主导地位的项目。

第三条 使用国际组织或者外国政府贷款、援助资金的项目包括：

（一）使用世界银行、亚洲开发银行等国际组织贷款、援助资金的项目；

（二）使用外国政府及其机构贷款、援助资金的项目。

第四条 不属于本规定第二条、第三条规定情形的大型基础设施、公用事业等关系社会公共利益、公众安全的项目，必须招标的具体范围由国务院发展改革部门会同国务院有关部门按照确有必要、严格限定的原则制订，报国务院批准。

第五条 本规定第二条至第四条规定范围内的项目，其勘察、设计、施工、监理以及与工程建设有关的重要设备、材料等的采购达到下列标准之一的，必须招标：

（一）施工单项合同估算价在400万元人民币以上；

（二）重要设备、材料等货物的采购，单项合同估算价在200万元人民币以上；

（三）勘察、设计、监理等服务的采购，单项合同估算价在100万元人民币以上。

同一项目中可以合并进行的勘察、设计、施工、监理以及与工程建设有关的重要设备、材料等的采购，合同估算价合计达到前款规定标准的，必须招标。

《必须招标的基础设施和公用事业项目范围规定》（发改法规〔2018〕843号，2018年6月6日发布并施行）

第二条　不属于《必须招标的工程项目规定》第二条、第三条规定情形的大型基础设施、公用事业等关系社会公共利益、公众安全的项目，必须招标的具体范围包括：

（一）煤炭、石油、天然气、电力、新能源等能源基础设施项目；

（二）铁路、公路、管道、水运，以及公共航空和A1级通用机场等交通运输基础设施项目；

（三）电信枢纽、通信信息网络等通信基础设施项目；

（四）防洪、灌溉、排涝、引（供）水等水利基础设施项目；

（五）城市轨道交通等城建项目。

《工程建设项目招标范围和规模标准规定》（2000年5月1日国家发展计划委员会令第3号，《必须招标的工程项目规定》施行后废止，供对照参考）

第七条　本规定第二条至第六条规定范围内的各类工程建设项目，包括项目的勘察、设计、施工、监理以及与工程建设有关的重要设备、材料等的采购，达到下列标准之一的，必须进行招标：

（一）施工单项合同估算价在200万元人民币以上的；

（二）重要设备、材料等货物的采购，单项合同估算价在100万元人民币以上的；

（三）勘察、设计、监理等服务的采购，单项合同估算价在50万元人民币以上的；

（四）单项合同估算价低于第（一）、（二）、（三）项规定的标准，但项目总投资额在3000万元人民币以上的。

（二）要点简析

1. 规避招标的主要情形

（1）化整为零。化整为零是规避招标的主要方式，化整为零的主要表现形式有以下四种。一是拆分工程，将造价大的主体工程人为拆分为各种子工程，造成各子工程造价均低于招标限额，从而规避招标。《招标投标法实施条例》第二十四条明确规定，依法必须进行招标的项目的招标人不得利用划分标段规避招标。二是拆分批次货物、服务。如本节案例 2，某国有公司将依法必须招标的一批公车采购项目，以分别签订单项合同的方式规避招标，违反了法律、行政法规的强制性规定。三是降低预算造价，人为调低工程预算，使项目采购额低于公开招标的数额标准，采取非招标方式确定项目实施单位后，通过工程签证、变更，提高工程造价。四是巧立名目，对于技术不复杂的通用设备采购项目，以特殊用途、特殊技术要求的名义，要求只能由某一承包商或供应商提供为由，规避公开招标采购。

（2）应招未招。相对于化整为零来说，应招未招显得更为“简单粗暴”一些。如本节的案例 1 和案例 3～5，本应招标的项目，业主方不履行招标手续而直接发包或签订合同。除了故意规避招标的情形外，项目应当招标而未招标的主要原因，是有些项目业主不清楚是否应当招标。如 2018 年《必须招标的基础设施和公用事业项目范围规定》列入的非国有资金投资的新能源基础设施项目，在 2000 年版的《工程建设项目招标范围和规模标准规定》中没有列为应当招标的项目；又如，非国有资本的商品住宅、医院等项目，在 2000 年的规定中为必须招标的项目，而 2018 年的《必须招标的基础设施和公用事业项目范围规定》则未列为必须招标的项目。以上变化如未及时掌握，很可能发生应招未招的情况。

在招投标类纠纷中，应招未招的法律纠纷多于化整为零的情况。从裁判文书网案例看，化整为零的项目具有很强的隐蔽性，合意各方为了拆分项目、划分标段等手段达到化整为零不招标的效果，往往需要较多的洽谈和商议，具有先天的良好关系，因此形成法律纠纷的案件相对较少。

2. 规避招标的法律后果

（1）合同无效的民事责任。属于法律规定的强制招标范围的工程建设项目而未进行招投标的，双方签订的建设工程合同为无效合同。根据《合同法》第五十六、五十八条，无效的合同或者被撤销的合同自始没有法律约束力。合同无效或者被撤销后，因该合同取得的财产应当予以返还；不能返还或者没有必要返还的，应当折价补偿。有过错的一方应当赔偿对方因此所受到的损失，双方都有过错的，应当各自承担相应的责任。可见，对造成合同无效的责任不能单纯归责于一方，原、被告双方都应负相应的责任，即双方均应对造成的损失承担相应的过错责任。

（2）规避招标的行政处罚。根据《招标投标法》第四十九条，将必须进行招标的项目化整为零或者以其他任何方式规避招标的，责令限期改正，可以处项目合同金额千分之五以上千分之十以下的罚款；对全部或者部分使用国有资金的项目，可以暂停项目执行或者暂停资金拨付；对单位直接负责的主管人员和其他直接责任人员依法给予处分。

三、防控重点

规范招投标对保证电网工程质量，提高电网物资采购和服务的效率效益，预防和治理腐败具有重要意义。在电力工程建设项目及与工程建设项目有关的物资采购中，规避招标违反了公开、公平、公正和诚实信用原则，是一种违法违规行为，必须坚决予以制止。

1. 供电企业应注意招标项目规模标准的调整

供电企业输变电工程、物资采购、服务等项目使用国有资金投资，达到国家规定的规模标准的，必须公开招标。如本节所列法条，2018 年 6 月 1 日《必须招标的工程项目规定》执行后，电力工程作为能源基础设施项目，必须招标的规模标准均提高一倍，其中施工单项合同估算价由 200 万元以上调整为 400 万元以上，重要设备、材料等货物的采购单项合同估算价由 100 万元以上调整为 200 万元以上，勘察、设计、监理等服务的采购单项合同估算价由 50 万元以上调整为 100 万元以上。这是因为《工程建设项目招标范围和规模标准规定》从 2000 年以来已执行了将近 20 年，相应的标准已不适应社会经济高速发展，增加了市场主体的负担，因此作出了调整。

此外，各地供电企业根据实际情况，也制定了内部的招投标工作规范，对要求公开招标项目的规模标准作了更为严格的规定。如某市级供电公司要求单项合同估算金额在10万元人民币及以上的物资采购项目、单项合同估算金额在20万元人民币及以上的工程和服务采购项目必须公开招标。此类规定属于单位内部规定，仅对本单位有约束力。

2. 非国有资本投资的能源基础设施项目也应公开招投标

根据2018年6月6日发布的《必须招标的基础设施和公用事业项目范围规定》第二条，虽然不属于全部或者部分使用国有资金投资或者国家融资、使用国际组织或者外国政府贷款、援助资金的项目，但属于大型基础设施、公用事业等关系社会公共利益、公众安全的项目，只要达到相应的规模标准，也应招标。也就是说，随着电力体制改革的逐步深入，民营资本投资煤炭、石油、天然气、电力、新能源等能源基础设施项目，因其关系社会公共利益、公众安全，因此也应招标。供电企业的集体企业在承接此类工程建设或物资采购项目时，应充分考虑到招标投标的法律规定和要求，避免发生合同无效、资金回收等纠纷。

3. 严肃追究，规范电网建设工程的采购行为

我国推行招投标制度，特别是政府立法、出台各项招投标制度，归根结底是为建立公开有序的市场。对强制招标的项目进行招标，目的就是消除因为规避招标而引起的不良影响或不利后果，从而培育公平竞争、健康运行的市场秩序。

部分企业试图不经过公开招标，通过各种手段承揽工程、货物采购等项目，导致造价超标、过程混乱，扰乱了正常的市场秩序，应严肃进行责任追究。责任追究主要体现在两个方面：一是给予相关人员处分。如某省《关于违反招标投标法律法规行为的纪律责任追究办法》规定，招标人对必须进行招标的项目不招标，将必须进行招标的项目化整为零，或者以其他任何方式规避招标的，给予其直接负责的主管人员和其他直接责任人员党内警告，行政警告或者记过处分；情节严重的，给予党内严重警告，行政记大过或者降级处分。二是责令限期改正。相关的行政监督部门对于有上述违法行为的项目单位，要求其在一定期限内对其规避招标的行为予以纠正。

四、参考文件

《国务院办公厅关于促进建筑业持续健康发展的意见》（国办发〔2017〕19号）

（二）完善招标投标制度。加快修订《工程建设项目招标范围和规模标准规定》，缩小并严格界定必须进行招标的工程建设项目范围，放宽有关规模标准，防止工程建设项目实行招标"一刀切"。在民间投资的房屋建筑工程中，探索由建设单位自主决定发包方式。将依法必须招标的工程建设项目纳入统一的公共资源交易平台，遵循公平、公正、公开和诚信的原则，规范招标投标行为。进一步简化招标投标程序，尽快实现招标投标交易全过程电子化，推行网上异地评标。对依法通过竞争性谈判或单一来源方式确定供应商的政府采购工程建设项目，符合相应条件的应当颁发施工许可证。

《国家电网公司招标活动管理办法》［国网（物资/2）121—2016，已废止，供对比参考］

下列建设工程项目，包括项目的勘察、设计、施工、监理、服务以及设备、物资材料的采购等，必须招标：

一、施工单项合同估算价在200万元人民币以上的；

二、设备、材料等货物的采购，单项合同估算价在100万元人民币以上的；

三、勘察、设计、监理、服务的单项合同估算价在50万元人民币以上的；

四、单项合同估算价低于第一、二、三项规定的标准，但项目总投资额在3000万元人民以上的。

非建设工程项目单项合同估算价在20万元人民币以上的设备、物资、办公用品单项及委托服务等项目必须进行招标。

国家法律、法规以及国家电网公司相关制度规定的其他必须进行招标的项目。

《国家电网有限公司采购活动管理办法》［国网（物资/2）121—2019］

第十九条　招标适用于以下情形之一：

（一）《中华人民共和国招标投标法》第三条规定的工程建设项目，

包括项目的勘察、设计、施工、监理以及工程建设有关的重要设备、材料等；

（二）公司两级集中采购目录中建议可采用招标方式的相关物资与服务。

第二十条 符合以下情形之一的采购活动可以采取竞争性谈判、询价以及单一来源采购等招标以外的采购方式进行：

（一）依法非必须招标的项目，包括不属于《中华人民共和国招标投标法实施条例》第二条定义的工程建设项目，未达到《必须招标的工程项目规定》第五条规定标准的项目；以及属于《中华人民共和国招标投标法》第六十六条和《中华人民共和国招标投标法实施条例》第九条规定情形的；

（二）经两次公开招标的项目，递交投标文件的投标人均不足 3 个，或经评审否决部分投标后，导致有效投标不足 3 个且明显缺乏竞争而否决全部投标的；

其中依法必须招标的项目，按照国家有关规定报项目审批、核准部门履行审批、核准手续后不再招标；

（三）按照国家有关法律、法规及有关部门要求，可不进行招标的项目；

（四）公司两级集中采购目录中建议可采用招标以外方式的相关物资与服务。

第二节　限制或排斥潜在投标人违法，中标可能无效

一、案例

案例 1：电气设备招标指定参考品牌，并不必然导致合同无效

案号：（2015）庐民二初字第 00064 号

2012 年 12 月，某大学为其大楼高低压配电成套设备采购项目委托省政府采购中心（以下简称采购中心）公开招标。采购中心针对供应商的询问发布答疑公告，明确充气式环保防爆电容器 MKPg 系列产品投标人可向招标文件选定的三家参考品牌厂家定制该系列产品；消弧消谐柜

应采用招标文件选定的三家参考品牌，本次招标不选定参考品牌之外的产品。2012 年 12 月 28 日，高某公司中标。

2014 年 4 月高某公司分期向大学供货。2014 年 5 月 28 日，涉案项目监理单位就高低压成套设备质量验收存在的质量问题向大学一附院出具“监理工程师联系单”，指出：①电力电容柜，现所提供的产品为国产品牌，与投标品牌不一致。②消弧消谐柜，投标品牌为某科技有限公司生产，所提供的产品标示不清。2014 年 6 月 5 日，大学一附院致函高某公司，指出其提供的部分产品的品牌违背招标文件及投标文件的要求，要求其于 6 月 20 日前整改到位。此后，高某公司未按照投标品牌更换电力电容柜及消弧消谐柜。大学诉至法院。

一审法院认为：高某公司未按投标文件承诺品牌提供相应设备，构成违约。高某公司关于某大学在招标书上指定设备品牌的行为无效的抗辩意见，根据《招标投标法》第二十条“招标文件不得要求或者标明特定的生产供应者以及含有倾向或者排斥潜在投标人的其他内容”及第五十一条“招标人以不合理的条件限制或者排斥潜在投标人的，对潜在投标人实行歧视待遇的……责令改正，可以处一万元以上五万元以下的罚款”的规定，该大学一附院即便存在指定品牌的行为，但并不属于《合同法》第五十二条规定的因违反法律禁止性规定致合同无效的情形，故对高某公司的该项抗辩意见不予采信。判决原告向被告交付由投标品牌某科技有限公司生产的消弧消谐柜 2 台、由某合资品牌生产的电力电容成套柜 12 台。被告同时返还原告已交付的本公司生产的消弧消谐柜两台、国产电力电容成套柜 12 台。

案例 2：二审改判规定外省企业应有更高的施工资质不合法

案号：（2017）闽 05 民终 4796 号

2016 年 7 月 1 日，某县体育中心发布体育场膜结构整修工程项目招标公告。根据招标公告，该招标项目要求投标人须具备有效的不低于三级钢结构工程专业承包资质和《施工企业安全生产许可证》；投标人为省外建筑施工企业的，须具备住建部核准的资质。原告某膜结构公司因资质证书资格审查不符合要求被取消其第一中标候选人资格，诉至法院。

一审法院认为，涉讼工程招标公告要求投标人为省外建筑施工企业的，须具备住建部核准的资质。原告不具备住建部核准的资质就不符合招标公告中要求的资质，某县体育中心根据利害关系人提出的异议对其进行资格审查后取消其中标候选人的资格，依据合法。判决驳回华某膜结构公司的诉讼请求。

二审法院认为，案涉的招标文件要求“投标人须具备有效的不低于三级钢结构工程专业承包资质和《施工企业安全生产许可证》；投标人为省外建筑施工企业的，须具备住建部核准的资质”这是违反法律规定的行为。一审以违反法律规定的要求作为资格审查的标准，明显错误，应予以纠正。改判被告应赔偿原告损失 4278.5 元。

案例 3：招标文件参数设置存在不公平和排他性的，中标结果无效

案号：（2019）黔 02 行终 25 号

2018 年 5 月 28 日，鑫某公司对区中小学设备采购项目公开招标。某云公司中标。第三人大某科技公司认为招标文件部分参数设置存在不公平和排他性，向鑫某公司提出质疑。2018 年 6 月 22 日，大某科技公司向被告区财政局投诉。被告区财政局委托区教育局邀请专家论证后认为，招标文件部分条款“星号”属于以其他不合理条件限制或者排斥潜在供应商；部分非核心参数要求提供“国家级检测机构出具的检测报告”具有指向性等。2018 年 7 月 27 日，被告区财政局认定本次采购项目中标结果无效，责令重新开展采购活动。原告某云公司不服处理决定，向被告区政府申请行政复议，区政府维持了区财政局作出的处理决定。原告某云公司不服，向法院提起行政诉讼。

一审法院认为，本案被告区财政局接到第三人大某科技公司的投诉后，经委托专家论证，认定采购文件部分技术参数存在指向性、强化性、排他性，属于不合理条件限制或者排斥潜在供应商的情形，故被告区财政局作出投诉处理决定书认定事实清楚、证据确凿，适用法律法规正确，程序合法。被告区政府收到原告的复议申请后，启动复议程序，作出维持被告区财政局的处理决定复议程序合法，维持恰当。判决驳回原告诉讼请求。二审维持原判。

案例 4：设定非定制不变的技术参数不具有倾向性，未认定为限制或排斥潜在投标人

案号：（2018）粤 02 行终 13 号

某招标公司受市中医院委托采购手术医疗设备一批。公开招标文件

明确说明：标注“▲”的条款为评标时重要评分指标，不满足者将会被严重扣分，不作为无效投标条款。2017 年 3 月 14 日，招标公司在省政府采购网上发布更正公告，变更超声高频外科集成系统设备参数。滇某公司购买涉案公开招标文件后，于 2017 年 3 月 22 日向招标公司提交质疑函，认为更正/变更后的设备参数、配置清单与“其他内容不变”存在对供应商实行差别待遇或歧视待遇，超声高频外科集成系统技术已经明确指向了特定生产商强某医疗器械有限公司等。2017 年 3 月 26 日，招标公司就滇某公司的质疑回复称，“本项目未设置排斥潜在供应商的“★”条款，所采购设备的参数，是在满足采购人临床实际需求，经市场调查，并且经过专家论证的，未发现贵公司所提及指向特定供应商和排斥潜在投标人的情况”。2017 年 4 月 12 日，滇某公司向市财政局投诉。市财政局受理滇某公司的投诉后，于 2017 年 5 月 8 日作出投诉处理决定书，认为投诉人投诉本项目设置的技术要求不具有倾向性。滇某公司不服，向法院提起行政诉讼。

一审法院认为，涉案公开招标文件大部分技术参数及带“▲”号的技术参数均不是定制不变的技术参数，而是在一定范围内的技术参数，已给参与招标活动的供应商提供了可以选择的余地，不具特定指向性，不存在倾向性、排斥性。判决驳回滇某公司的诉讼请求。二审驳回上诉，维持原判。

二、法律分析

（一）关键法条

《招标投标法》

第五条 招标投标活动应当遵循公开、公平、公正和诚实信用的原则。

第六条 依法必须进行招标的项目，其招标投标活动不受地区或者部门的限制。任何单位和个人不得违法限制或者排斥本地区、本系统以外的法人或者其他组织参加投标，不得以任何方式非法干涉招标投标活动。

第十八条 招标人可以根据招标项目本身的要求，在招标公告或者投标邀请书中，要求潜在投标人提供有关资质证明文件和业绩情况，并对潜在投标人进行资格审查；国家对投标人的资格条件有规定的，依照其规定。

招标人不得以不合理的条件限制或者排斥潜在投标人，不得对潜在投标人实行歧视待遇。

第二十条 招标文件不得要求或者标明特定的生产供应者以及含有倾向或者排斥潜在投标人的其他内容。

第五十一条 招标人以不合理的条件限制或者排斥潜在投标人的，对潜在投标人实行歧视待遇的，强制要求投标人组成联合体共同投标的，或者限制投标人之间竞争的，责令改正，可以处一万元以上五万元以下的罚款。

第六十二条 任何单位违反本法规定，限制或者排斥本地区、本系统以外的法人或者其他组织参加投标的，为招标人指定招标代理机构的，强制招标人委托招标代理机构办理招标事宜的，或者以其他方式干涉招标投标活动的，责令改正；对单位直接负责的主管人员和其他直接责任人员依法给予警告、记过、记大过的处分，情节较重的，依法给予降级、撤职、开除的处分。

个人利用职权进行前款违法行为的，依照前款规定追究责任。

《招标投标法实施条例》

第二十四条 招标人对招标项目划分标段的，应当遵守招标投标法的有关规定，不得利用划分标段限制或者排斥潜在投标人。依法必须进行招标的项目的招标人不得利用划分标段规避招标。

第三十二条 招标人不得以不合理的条件限制、排斥潜在投标人或者投标人。

招标人有下列行为之一的，属于以不合理条件限制、排斥潜在投标人或者投标人：

（一）就同一招标项目向潜在投标人或者投标人提供有差别的项目信息；

（二）设定的资格、技术、商务条件与招标项目的具体特点和实际需要不相适应或者与合同履行无关；

（三）依法必须进行招标的项目以特定行政区域或者特定行业的业绩、奖项作为加分条件或者中标条件；

（四）对潜在投标人或者投标人采取不同的资格审查或者评标标准；

（五）限定或者指定特定的专利、商标、品牌、原产地或者供应商；

（六）依法必须进行招标的项目非法限定潜在投标人或者投标人的所有制形式或者组织形式；

（七）以其他不合理条件限制、排斥潜在投标人或者投标人。

第六十三条 招标人有下列限制或者排斥潜在投标人行为之一的，由有关行政监督部门依照招标投标法第五十一条的规定处罚：

（一）依法应当公开招标的项目不按照规定在指定媒介发布资格预审公告或者招标公告；

（二）在不同媒介发布的同一招标项目的资格预审公告或者招标公告的内容不一致，影响潜在投标人申请资格预审或者投标。

依法必须进行招标的项目的招标人不按照规定发布资格预审公告或者招标公告，构成规避招标的，依照招标投标法第四十九条的规定处罚。

《工程建设项目施工招标投标办法》

第七十条 招标人以不合理的条件限制或者排斥潜在投标人的，对潜在投标人实行歧视待遇的，强制要求投标人组成联合体共同投标的，或者限制投标人之间竞争的，有关行政监督部门责令改正，可处一万元以上五万元以下罚款。

（二）要点简析

1. 限制或者排斥潜在投标人的主要情形

根据《招标投标法实施条例》第三十二条，结合电网企业实际，电网建设项目或电气产品、设备招标人以不合理的条件限制、排斥潜在投标人或者投标人的情形主要有：

一是电气设备采购为了保证产品设备质量和日常供电的可靠性，可能存在限定或者指定特定的专利、商标、品牌、原产地或者供应商的情况。详见本节案例 1。

二是在信息发布方面，可能存在同一招标项目向潜在投标人或者投标人提供有差别的项目信息的情况，设定的资格、技术、商务条件与招标项目的具体特点和实际需要不相适应或者与合同履行无关的情况。该情况可能存在于集体企业参与投标的项目，可能发生在招标公告发布、现场踏勘、投标预备会、招标文件的澄清修改以及投标文件的澄清说明等环节。

三是设定投标人资格条件时，可能存在以特定行政区域或者特定行业的业绩、奖项作为加分条件或者中标条件的情况。

四是输变电工程建设项目招标中，可能存在对潜在投标人或者投标人采取不同的资格审查或者评标标准的情况。

另外，限定潜在投标人或者投标人的所有制形式或者组织形式的情况，在电网企业招标投标中并不常见。

2. 限制或者排斥潜在投标人的法律责任

限制或者排斥潜在投标人，招标人应承担的法律责任要点在于，招标人或招标代理机构确有限制或者排斥潜在投标人的行为，是否必然导致中标无效。限制或者排斥潜在投标人的后果，在工程建设领域和政府采购领域略有不同，供读者参考。

在工程建设领域，《招标投标法》第五十一条规定，“招标人以不合理的条件限制或者排斥潜在投标人的，对潜在投标人实行歧视待遇的，强制要求投标人组成联合体共同投标的，或者限制投标人之间竞争的，责令改正，可以处一万元以上五万元以下罚款”，并没有明确规定招标人确有限制或者排斥潜在投标人的行为将导致中标无效。详见本节案例 1。

在政府采购领域，《政府采购法》第七十一条规定，采购人、采购代理机构“以不合理的条件对供应商实行差别待遇或者歧视待遇的”，“责令限期改正，给予警告，可以并处罚款，对直接负责的主管人员和其他直接责任人员，由其行政主管部门或者有关机关给予处分，并予通报”。第七十三条规定，违法行为“影响中标、成交结果或者可能影响中标、成交结果的，按下列情况分别处理：①未确定中标、成交供应商的，终止采购活动；②中标、成交供应商已经确定但采购合同尚未履行的，撤销合同，从合格的中标、成交候选人中另行确定中标、成交供应商；③采购合同已经履行的，给采购人、供应商造成损失的，由责任人承担赔偿责任”。如本节案例 3。

三、防控重点

1. 电网企业招标文件应合理设置招标条件

在输变电工程建设项目招标条件设置时，招标文件应避免脱离招标项目的具体特点和实际需要，特别是技术和商务条件应避免随意和盲目地设定投标人资格条件。如项目实际不需要特殊专业的业绩，但为某些特定的投标人“量体裁衣”而将特殊专业的业绩设定为必须响应的实质性要求；招标项目为一般通用性技术要求，但招标文件规定要有特种工程专业资质，明显属于限制投标人竞争的行为。考虑到电网建设工程的特殊性，为保证电网建设工程质量、安全和管理水平，招标文件在要求满足相应资质等级要求时，可以把是否曾做过相当规模的类似工程作为加分项，但应特别注意不要设置区分省内、省外企业的差别待遇条件。

在电气设备招标中，招标文件应注意避免设置须在项目所在地行政部门注册、登记、备案等要求；招标文件规定的各项技术标准应当满足项目技术需求，保证公平竞争，避免指定、标明某一特定的专利、商标、品牌、设计、原产地或生产供应商，避免含有倾向或排斥潜在投标人的其他内容。为了保证采购的电气设备产品质量，以确保投运后的运行维护工作顺利开展，可以要求采购达到标准技术参数同一级别性能、同等质量和技术指标的产品，而不是指定制造商，并且制定的技术指标所对应的产品在市场上要具有可选择性。详见本节案例4。

2. 加强限制或者排斥潜在投标人的违法行为的查处

在电网建设和物资采购中，为外地企业跨省承揽业务设置障碍，指定专利、商标、品牌、设计、原产地或生产供应商等限制或者排斥潜在投标人都是变相妨碍公平竞争，破坏电网建设和物资采购的公平市场秩序。供电企业作为招标人，一是要加强宣传和培训，让相关责任人员明白和熟悉招标文件的编写必须符合相关规定要求。二是要加强对招标代理机构相关从业人员职业技能和职业道德的培训，不断提高招标文件的编写水平和质量。三是要加强招标文件的审查工作，及时发现问题并督促招标代理机构按规定修改招标文件。四是要加强招标代理机构的绩效考核，对经常出现招标文件编写质量不高甚至出现问题的招标代理机构以一定的惩罚。

四、参考政策文件

《国务院办公厅关于促进建筑业持续健康发展的意见》（国办发〔2017〕19号）

（八）建立统一开放市场。打破区域市场准入壁垒，取消各地区、各行业在法律、行政法规和国务院规定外对建筑业企业设置的不合理准入条件；严禁擅自设立或变相设立审批、备案事项，为建筑业企业提供公平市场环境。完善全国建筑市场监管公共服务平台，加快实现与全国信用信息共享平台和国家企业信用信息公示系统的数据共享交换。建立建筑市场主体黑名单制度，依法依规全面公开企业和个人信用记录，接受社会监督。

《住房城乡建设部办公厅印发关于开展建筑企业跨省承揽业务监督管理专项检查的通知》（建办市函〔2018〕160号）

（一）建筑企业跨省承揽业务监督管理相关法规、规章、规范性文件。重点检查是否已按照建市〔2015〕140号文件的要求，取消备案管理制度，实施信息报送制度。

（二）外地建筑企业信息报送管理工作。重点检查信息报送内容是否严格限定在建市〔2015〕140号文件规定的范围；报送信息是否向社会公开；是否随时接收外地建筑企业报送的基本信息材料；是否存在要求建筑企业重复报送信息，或每年度报送信息的情形等。

（三）建筑企业跨省承揽业务监督管理工作。各级住房城乡建设主管部门在建筑企业跨省承揽业务监督管理工作中是否存在建市〔2015〕140号文件第八条所列情形。

《住房城乡建设部关于印发推动建筑市场统一开放若干规定的通知》（建市〔2015〕140号）

第四条 各级住房城乡建设主管部门应当按照简政放权、方便企业、规范管理的原则，简化前置管理，强化事中事后监管，给予外地建筑企业与本地建筑企业同等待遇，实行统一的市场监管，推动建筑市场统一开放。

第八条 地方各级住房城乡建设主管部门在建筑企业跨省承揽业务监督管理工作中，不得违反法律法规的规定，直接或变相实行以下行为：

（一）擅自设置任何审批、备案事项，或者告知条件；

（二）收取没有法律法规依据的任何费用或保证金等；

（三）要求外地企业在本地区注册设立独立子公司或分公司；

（四）强制扣押外地企业和人员的相关证照资料；

（五）要求外地企业注册所在地住房城乡建设主管部门或其上级主

管部门出具相关证明；

（六）将资质资格等级作为外地企业进入本地区承揽业务的条件；

（七）以本地区承揽工程业绩、本地区获奖情况作为企业进入本地市场条件；

（八）要求企业法定代表人到场办理入省（市）手续；

（九）其他妨碍企业自主经营、公平竞争的行为。

《关于印发〈公平竞争审查制度实施细则（暂行）〉的通知》（发改价监〔2017〕1849号）

第十四条 市场准入和退出标准。

（一）不得设置不合理和歧视性的准入和退出条件，包括但不限于：

（1）设置明显不必要或者超出实际需要的准入和退出条件，排斥或者限制经营者参与市场竞争；

（2）没有法律法规依据或者国务院规定，对不同所有制、地区、组织形式的经营者实施差别化待遇，设置不平等的市场准入和退出条件；

（3）没有法律法规依据或者国务院规定，以备案、登记、注册、名录、年检、监制、认定、认证、审定、指定、配号、换证、要求设立分支机构等形式，设定或者变相设定市场准入障碍；

（4）没有法律法规依据或者国务院规定，设置消除或者减少经营者之间竞争的市场准入或者退出条件。

（二）未经公平竞争不得授予经营者特许经营权，包括但不限于：

（1）在一般竞争性领域实施特许经营或者以特许经营为名增设行政许可；

（2）未明确特许经营权期限或者未经法定程序延长特许经营权期限；

（3）未采取招标投标、竞争性谈判等竞争方式，直接将特许经营权授予特定经营者；

（4）设置歧视性条件，使经营者无法公平参与特许经营权竞争。

（三）不得限定经营、购买、使用特定经营者提供的商品和服务，包括但不限于：

（1）以明确要求、暗示、拒绝或者拖延行政审批、重复检查、不予接入平台或者网络等方式，限定或者变相限定经营、购买、使用特定经营者提供的商品和服务；

（2）在招标投标中限定投标人所在地、所有制、组织形式，排斥或者限制潜在投标人参与招标投标活动；

（3）没有法律法规依据，通过设置项目库、名录库等方式，排斥或者限制潜在经营者提供商品和服务。

（四）不得设置没有法律法规依据的审批或者具有行政审批性质的事前备案程序，包括但不限于：

（1）没有法律法规依据增设行政审批事项，增加行政审批环节、条件和程序；

（2）没有法律法规依据设置具有行政审批性质的前置性备案程序。

（五）不得对市场准入负面清单以外的行业、领域、业务等设置审批程序，主要指没有法律法规依据或者国务院决定，采取禁止进入、限制市场主体资质、限制股权比例、限制经营范围和商业模式等方式，直接或者变相限制市场准入。

第十五条 商品和要素自由流动标准。

（一）不得对外地和进口商品、服务实行歧视性价格和歧视性补贴政策，包括但不限于：

（1）制定政府定价或者政府指导价时，对外地和进口同类商品、服务制定歧视性价格；

（2）对相关商品、服务进行补贴时，对外地同类商品、服务和进口同类商品不予补贴或者给予较低补贴。

（二）不得限制外地和进口商品、服务进入本地市场或者阻碍本地商品运出、服务输出，包括但不限于：

（1）对外地商品、服务规定与本地同类商品、服务不同的技术要求、检验标准，或者采取重复检验、重复认证等歧视性技术措施；

（2）对进口商品规定与本地同类商品不同的技术要求、检验标准，或者采取重复检验、重复认证等歧视性技术措施；

（3）没有法律法规依据或者国务院规定，对进口服务规定与本地同类服务不同的技术要求、检验标准，或者采取重复检验、重复认证等歧视性技术措施；

（4）没有法律法规依据，设置专门针对外地和进口商品、服务的专营、专卖、审批、许可；

（5）没有法律法规依据，在道路、车站、港口、航空港或者本行政区域边界设置关卡，阻碍外地和进口商品、服务进入本地市场或者本地商品运出和服务输出；

（6）没有法律法规依据，通过软件或者互联网设置屏蔽以及采取其他手段，阻碍外地和进口商品、服务进入本地市场或者本地商品运出和服务输出。

（三）不得排斥或者限制外地经营者参加本地招标投标活动，包括但不限于：

（1）不依法及时有效地发布招标信息；

（2）直接明确外地经营者不能参与本地特定的招标投标活动；

（3）对外地经营者设定明显高于本地经营者的资质要求或者评审标准；

（4）通过设定与招标项目的具体特点和实际需要不相适应或者与合同履行无关的资格、技术和商务条件，变相限制外地经营者参加本地招标投标活动。

（四）不得排斥、限制或者强制外地经营者在本地投资或者设立分支机构，包括但不限于：

（1）直接拒绝外地经营者在本地投资或者设立分支机构；

（2）没有法律法规依据或者国务院规定，对外地经营者在本地投资的规模、方式以及设立分支机构的地址、模式等进行限制；

（3）没有法律法规依据，直接强制外地经营者在本地投资或者设立分支机构；

（4）没有法律法规依据，将在本地投资或者设立分支机构作为参与本地招标投标、享受补贴和优惠政策等的必要条件，变相强制外地经营者在本地投资或者设立分支机构。

（五）不得对外地经营者在本地的投资或者设立的分支机构实行歧视性待遇，包括但不限于：

（1）对外地经营者在本地的投资不给予与本地经营者同等的政策待遇；

（2）对外地经营者在本地设立的分支机构在经营规模、经营方式、税费缴纳等方面规定与本地经营者不同的要求；

（3）在节能环保、安全生产、健康卫生、工程质量、市场监管等方面，对外地经营者在本地设立的分支机构规定歧视性监管标准和要求。

《关于印发〈工程项目招投标领域营商环境专项整治工作方案〉的通知》（发改办法规〔2019〕862号）

根据《招标投标法》《招标投标法实施条例》等有关规定，清理、排查、纠正在招投标法规政策文件、招标公告、投标邀请书、资格预审公告、资格预审文件、招标文件以及招投标实践操作中，对不同所有制企业设置的各类不合理限制和壁垒。重点针对以下问题：

（1）违法设置的限制、排斥不同所有制企业参与招投标的规定，以及虽然没有直接限制、排斥，但实质上起到变相限制、排斥效果的规定。

（2）违法限定潜在投标人或者投标人的所有制形式或者组织形式，对不同所有制投标人采取不同的资格审查标准。

（3）设定企业股东背景、年平均承接项目数量或者金额、从业人员、纳税额、营业场面积等规模条件；设置超过项目实际需要的企业注册资本、资产总额、净资产规模、营业收入、利润、授信额度等财务指标。

（4）设定明显超出招标项目具体特点和实际需要的过高的资质资格、技术、商务条件或者业绩、奖项要求。

（5）将国家已经明令取消的资质资格作为投标条件、加分条件、中标条件；在国家已经明令取消资质资格的领域，将其他资质资格作为投标条件、加分条件、中标条件。

（6）将特定行政区域、特定行业的业绩、奖项作为投标条件、加分条件、中标条件；将政府部门、行业协会商会或者其他机构对投标人作出的荣誉奖励和慈善公益证明等作为投标条件、中标条件。

（7）限定或者指定特定的专利、商标、品牌、原产地、供应商或者检验检测认证机构（法律法规有明确要求的除外）。

（8）要求投标人在本地注册设立子公司、分公司、分支机构，在本地拥有一定办公面积，在本地缴纳社会保险等。

（9）没有法律法规依据设定投标报名、招标文件审查等事前审批或者审核环节。

（10）对仅需提供有关资质证明文件、证照、证件复印件的，要求必须提供原件；对按规定可以采用“多证合一”电子证照的，要求必须提供纸质证照。

（11）在开标环节要求投标人的法定代表人必须到场，不接受经授权委托的投标人代表到场。

（12）评标专家对不同所有制投标人打分畸高或畸低，且无法说明正当理由。

（13）明示或暗示评标专家对不同所有制投标人采取不同的评标标准、实施不客观公正评价。

（14）采用抽签、摇号等方式直接确定中标候选人。

（15）限定投标保证金、履约保证金只能以现金形式提交，或者不按规定或者合同约定返还保证金。

（16）简单以注册人员、业绩数量等规模条件或者特定行政区域的业绩奖项评价企业的信用等级，或者设置对不同所有制企业构成歧视的信用评价指标。

（17）不落实《必须招标的工程项目规定》《必须招标的基础设施和公用事业项目范围规定》，违法干涉社会投资的房屋建筑等工程建设单位发包自主权。

（18）其他对不同所有制企业设置的不合理限制和壁垒。

第三节　确定中标人之前进行实质性谈判，中标无效

一、案例

案例 1：招标前就合同实质性条款谈判，中标无效

案号：（2014）民申字第 988 号

2009 年 8 月 18 日，原告通某集团与被告某冶集团于招投标之前为涉案项目签订了城关生活园区建设工程施工合同。后经过招标，在确定中标人之后，原被告双方又于 2010 年 1 月 10 日签订了建设工程施工合同一份，1 月 18 日及 7 月 12 日又签订补充协议。后双方产生矛盾涉讼。该案经过一审、二审后，由最高人民法院再审。

最高人民法院认为，双方在招投标程序完成之前签订合同的行为，《招标投标法》虽没有明确规定此种行为是否属于禁止行为，但该法第四十三条规定，“在确定中标人前，招标人不得与投标人就投标价格、投标

方案等实质性内容进行谈判”。与该条禁止的行为相比，在进行招标投标之前就在实质上先行确定了中标人，无疑是对《招标投标法》强制性规定更为严重的违反。因此，2009 年 8 月 18 日关于通某集团城关生活园区建设工程的建设工程施工合同应认定为无效。对于 2010 年 1 月 10 日签订的关于通某集团城关生活园区建设工程的建设工程施工合同、2010 年 1 月 18 日签订的补充协议及 7 月 12 日签订的补充协议中关于该工程项目的部分，虽然从时间上看签订于确定中标人之后，表面上似乎符合法律规定的程序要件，但如前所述，在确定中标人前，双方已经就案涉工程的工期、工程价款数额及支付方式等达成了合意，双方当事人的行为在实质上违反了《招标投标法》的强制性规定，故上述《建设工程施工合同》及《补充协议》亦应认定为无效。

案例 2：招标前就合同实质性条款谈判，中标无效

案号：（2018）赣民终 747 号

中某公司经过招标投标程序于 2013 年 9 月 5 日取得涉案工程的中标通知书后，于 2013 年 9 月 6 日与博某分公司签订了建设工程施工合同，该合同经过行政备案。但是，在签订该份中标合同之前，中某公司与博某分公司就已经于 2013 年 8 月 18 日签订了工程施工承包合同，双方对工程质量、工程价款、工期等实质性内容进行了详细约定。同年 8 月 19 日，中某公司开始施工前期准备工作，同年 8 月 25 日，中某公司组织人员进场进行前期施工。后双方产生矛盾涉讼。

一审法院认为，中某公司和博某分公司在中标之前已经就案涉工程实质性内容进行谈判，双方达成了由中某公司承建案涉工程的合意并已开始实际履行，案涉中标合同应当认定为无效合同。本案当事人先后签订了两份施工合同及一份协议书，前文已经阐明其中的中标合同无效，结合双方 2013 年 9 月 7 日签订的协议书中关于中标合同仅用于建设局报建使用、具体合同条款按双方签订的 8 月 18 日的合同条款执行的约定，一审法院认定 8 月 18 日的合同是合同双方的真实意思表示，亦是双方实际履行的合同，故本案应当以 8 月 18 日的合同作为工程款结算的合同依据。二审维持原判。

案例 3：公益项目招标前先进行实质谈判，中标无效

案号：（2018）最高法民再 414 号

2013 年 5 月 30 日，针灸医院为甲方，瑞某公司为乙方签订合作框架协议，约定以正式招投标的方式，由瑞某公司承建针灸医院理疗后勤办公楼和职工公寓住宅楼、后勤办公楼，资金全部由乙方垫付。协议签订后，2013 年 6 月 28 日，瑞某公司向针灸医院法定代表人借款 135 万元支付给瑞某公司联系的三家公司，作为该三家公司为针灸医院理疗办公楼工程的投标保证金。2013 年 6 月 30 日，上述三家公司分别作出投标文件，就针灸医院理疗办公楼工程的建设投标。2013 年 7 月 3 日，瑞某公司中标。同日针灸医院与瑞某公司签订施工合同，并经行政备案。后双方因工程款支付涉讼。

一审、二审、再审法院均认为，本案所涉工程项目属于关系社会公共利益、公众安全的公用事业项目，根据上述法律规定，工程建设必须依法进行招标。依法必须进行招标的项目，招标人违反法律规定，与投标人就投标价格、投标方案等实质性内容进行谈判，中标无效。确认双方 7 月 3 日签订的施工合同因中标无效而导致合同无效。

二、法律分析

（一）关键法条

《招标投标法》

第四十三条 在确定中标人前，招标人不得与投标人就投标价格、投标方案等实质性内容进行谈判。

第五十五条 依法必须进行招标的项目，招标人违反本法规定，与投标人就投标价格、投标方案等实质性内容进行谈判的，给予警告，对单位直接负责的主管人员和其他直接责任人员依法给予处分。

前款所列行为影响中标结果的，中标无效。

《最高人民法院关于审理建设工程施工合同纠纷案件适用法律问题的解释（二）》（法释〔2018〕20 号，自 2019 年 2 月 1 日起施行）

第一条 招标人和中标人另行签订的建设工程施工合同约定的工程范围、建设工期、工程质量、工程价款等实质性内容，与中标合同不一致，一方当事人请求按照中标合同确定权利义务的，人民法院应予支持。

招标人和中标人在中标合同之外就明显高于市场价格购买承建房产、无偿建设住房配套设施、让利、向建设单位捐赠财物等另行签订合同，变相降低工程价款，一方当事人以该合同背离中标合同实质性内容为由请求确认无效的，人民法院应予支持。

（二）要点简析

1. 合同实质性内容的范围

招标投标活动中属于合同的实质性内容的主要依据：

（1）2011 年 10 月 9 日《全国民事审判工作会议纪要》第二十三条规定，招标人和中标人另行签订改变工期、工程价款、工程项目性质等中标结果的协议，应认定为变更中标合同实质性内容；中标人作出的以明显高于市场价格购买承建房产、无偿建设住房配套设施、让利、向建设方捐款等承诺，亦应认定为变更中标合同的实质性内容。

（2）2016 年 11 月 21 日《第八次全国法院民事商事审判工作会议（民事部分）纪要》第三十一条规定，招标人和中标人另行签订改变工期、工程价款、工程项目性质等影响中标结果实质性内容的协议，导致合同双方当事人就实质性内容享有的权利义务发生较大变化的，应认定为变更中标合同实质性内容。

（3）2019 年 1 月 3 日发布的《最高人民法院关于审理建设工程施工合同纠纷案件适用法律问题的解释（二）》第一条规定，招标人和中标人另行签订的建设工程施工合同约定的工程范围、建设工期、工程质量、工程价款等实质性内容，与中标合同不一致，一方当事人请求按照中标合同确定权利义务的，人民法院应予支持。招标人和中标人在中标合同之外就明显高于市场价格购买承建房产、无偿建设住房配套设施、让利、向建设单位捐赠财物等另行签订合同，变相降低工程价款，一方当事人以该合同背离中标合同实质性内容为由请求确认无效的，人民法院应予支持。

综上所述，涉及工程项目性质、工程范围、工期、工程质量、工程价款等均属于合同的实质性内容。

2. 定标前不允许实质性谈判的原因

招标投标的基本方式是通过发布公告的形式以邀请不特定的供应商来参与投标。通过公开招标，招标人可以在更大范围内选择最佳潜在投标人，保证工程项目和货物、服务价格更合理、质量更稳定。投标人也可以在公开、公平、公正的条件下参与竞争，不断加强管理、降低成本、提高效率和质量。如果允许招标人和投标人在定标之前进行实质性的谈判，公开招标就失去了公平竞争的基础，变相成为“商务谈判”或“拍卖”。第一，招标人可能利用一个投标人提交的投标条件对另一个投标人施加压力，迫其降低报价，或要求投标人提供其他方面更有利的投标条件，或要求投标人作出带有附加条件的中标承诺。第二，投标人也可能为了中标而向中标人提出进一步的优惠条件，就可能会诱发腐败，因为非公开的谈判缺乏有效的监督。第三，如果轮番砍价，可能会引发投标人之间的恶性竞争，导致履约质量得不到保障。如此循环往复，将极大地破坏招标投标秩序。

3. 违反规定进行实质性谈判的后果

一是导致中标无效。依法必须进行招标的项目，招标人违反规定，与投标人就投标价格、投标方案等实质性内容进行谈判，影响中标结果的，中标无效。

二是导致合同无效。根据《最高人民法院关于审理建设工程施工合同纠纷案件适用法律问题的解释（二）》，“招标人和中标人在中标合同之外就明显高于市场价格购买承建房产、无偿建设住房配套设施、让利、向建设单位捐赠财物等另行签订合同，变相降低工程价款，一方当事人以该合同背离中标合同实质性内容为由请求确认无效的，人民法院应予支持。”

三是面临行政处罚。依法必须进行招标的项目，招标人违反规定，与投标人就投标价格、投标方案等实质性内容进行谈判的，给予警告，对单位直接负责的主管人员和其他直接责任人员依法给予处分。

三、防控重点

招标人与投标人在确定中标人之前、签订合同时就投标价格、投标方案等实质性内容进行谈判，有悖于招投标的公开、公平、公正和诚实信用原则。电网企业招标投标活动各阶段均应遵循公开、公平、公正和诚实信用的原则，避免违规实质性谈判。

1. 招标前禁止实质性谈判

《招标投标法》第十九条、二十二条规定，招标文件应当包括招标项目的技术要求、对投标人资格审查的标准、投标报价要求和评标标准等所有实质性要求和条件以及拟签订合同的主要条款。招标人不得向他人透露已获取招标文件的潜在投标人的名称、数量以及可能影响公平竞争的有关招标投标的其他情况。招标人设有标底的，标底必须保密。可见，招标项目的实质性内容应当在招标文件中向所有投标人公开，禁止与特定的投标人单独谈判，影响招标投标的公正性。

2. 招标过程中禁止实质性谈判

根据《招标投标法》第四十三条规定，“在确定中标人前，招标人不得与投标人就投标价格、投标方案等实质性内容进行谈判。”因此，招标过程中，直至中标前的整个过程，招标人和投标人之间均禁止实质性谈判。

3. 中标后签订的合同不应背离合同实质性内容

根据《招标投标法》第四十六条规定，招标人和中标人应当自中标通知书发出之日起三十日内，按照招标文件和中标人的投标文件订立书面合同。招标人和中标人不得再行订立背离合同实质性内容的其他协议。即中标人确定之后，招标人和中标人之间就合同签订的磋商也是有限度的，不允许招标人与投标人作大范围的讨价还价。在中标通知书送达后、签订合同前，招标人可以与中标人进行谈判，但仅限于就实质性条款之外、招标文件或投标文件没有明确约定的内容进行谈判。招标人违反规定与投标人讨价还价的，投标人可以向监管部门举报。根据《最高人民法院关于审理建设工程施工合同纠纷案件适用法律问题的解释（二）》，如果招标人和中标人签订的合同约定的工程范围、建设工期、工程质量、工程价款等实质性内容，与中标合同不一致，一方当事人请求按照中标合同确定权利义务的，人民法院应予支持。即违背中标条件谈妥的合同，最终可能被人民法院确认为无效，而仍然依据中标合同确定双方的权利义务。

第四节　依法必须招标的项目因情况特殊可以不招标

一、案例

案例 1：商品住宅已改为不属于必须招标的项目范围

案号：（2019）鲁 03 民终 698 号

2017 年下半年，被告中某建筑公司因其自身原因不能连续施工并多次无任何依据向原告新某公司要求提高人工价格，导致工期一再拖延，最终于 2018 年 10 月 29 日停止施工。双方有多次的往来函件。新某公司在与其磋商未果的情况下于 2018 年 11 月 6 日向其下达了解除双方签订的建筑工程施工总承包补充协议和建设工程施工合同的通知。涉案工程涉及棚户区改造和众多职工回迁，可能会造成较大的社会问题。中某建筑公司主张案涉工程为商品住宅项目，依法应当进行招标而未招标，建设工程施工合同及建筑工程施工总承包补充协议应为无效。

一审法院认为，该市于 2015 年即下发文件，对非国有资金投资项目发包方式进行调整，使用非国有资金投资的商品住宅，由建设单位自主决定是否进行招标发包。2018 年 6 月 1 日实施的《必须招标的工程项目规定》也缩小了强制招标的项目范围，民营投资的商品住宅项目不再强制招标。本案工程系非国有资金投资的商品住宅，根据该市的相关规定，由建设单位自主决定是否进行招标发包。另外，中某公司在订立建设工程施工合同及建筑工程施工总承包补充协议时亦知晓案涉工程并未进行公开招标，其承建了案涉项目，在双方出现纠纷成诉后，又以未招标为由主张合同无效，系不诚信行为，若支持其该主张，将不利于市场交易安全。判决确认双方签订的建筑工程施工总承包补充协议及建设工程施工合同已于 2018 年 11 月 7 日解除；被告支付给原告违约金和经济损失 1400 万元。二审维持原判。

案例 2：未明确规定必须招标的项目，直接签订的合同有效

案号：（2019）晋 04 民终 885 号

2016 年 2 月 5 日，原告马某与被告县林业局就开山植树造林通道签订了临时雇佣机械开山造林通道合同书。合同签订后，原告依合同约定履行了合同义务，被告在县林业局开山造林通道租赁机械汇总表签章确认，原告据此向被告开具了发票。被告未支付工程款。

关于被告主张该工程系政府采购内容，合同无效的答辩意见，一审法院认为，原告、被告所签订合同内容中对合同单价进行了明确约定，但在合同总价款方面系不确定价款，合同总价款的确定与具体工程完工工时相关联。根据被告提交的政府采购法及政府采购目录，对该情况是否属于政府采购范围并未进行明确规定，且被告在工程完工后对工程总价款亦签字确认。判决被告支付原告马某工程款 133925 元及利息。二审

维持原判。

案例3：非特殊政府采购不属于不公开招标的范围

案号：（2018）粤02行终13号

2017年3月1日，某招标公司受市中医院委托采购手术医疗设备一批，采购项目内容为：超声高频外科集成系统、麻醉机（包1）、关节镜（包2）。原告滇某公司认为，本项目包1中的超声高频外科集成系统不适用公开招标方式进行采购活动，应采取其他采购方式进行采购。一审法院认为，公开招标应作为政府采购的主要采购方式。因特殊情况需要采用公开招标以外的采购方式的，应当在采购活动开始前获得设区的市、自治州以上人民政府采购监督管理部门的批准。只有经监管部门批准的特殊情况才能采用公开招标以外的采购方式。涉案政府采购采用公开招标方式进行，符合法律规定。判决驳回原告的诉讼请求。二审维持原判。

二、法律分析

（一）关键法条

《招标投标法》

第六十六条 涉及国家安全、国家秘密、抢险救灾或者属于利用扶贫资金实行以工代赈、需要使用农民工等特殊情况，不适宜进行招标的项目，按照国家有关规定可以不进行招标。

《招标投标法实施条例》

第九条 除招标投标法第六十六条规定的可以不进行招标的特殊情况外，有下列情形之一的，可以不进行招标：

（一）需要采用不可替代的专利或者专有技术；

（二）采购人依法能够自行建设、生产或者提供；

（三）已通过招标方式选定的特许经营项目投资人依法能够自行建设、生产或者提供；

（四）需要向原中标人采购工程、货物或者服务，否则将影响施工或者功能配套要求；

（五）国家规定的其他特殊情形。

招标人为适用前款规定弄虚作假的，属于招标投标法第四条规定的规避招标。

《工程建设项目施工招标投标办法》

第十一条 依法必须进行公开招标的项目，有下列情形之一的，可以邀请招标：

（一）项目技术复杂或有特殊要求，或者受自然地域环境限制，只有少量潜在投标人可供选择；

（二）涉及国家安全、国家秘密或者抢险救灾，适宜招标但不宜公开招标；

（三）采用公开招标方式的费用占项目合同金额的比例过大。

有前款第二项所列情形，属于本办法第十条规定的项目，由项目审批、核准部门在审批、核准项目时作出认定；其他项目由招标人申请有关行政监督部门作出认定。

全部使用国有资金投资或者国有资金投资占控股或者主导地位的并需要审批的工程建设项目的邀请招标，应当经项目审批部门批准，但项目审批部门只审批立项的，由有关行政监督部门批准。

第十二条 依法必须进行施工招标的工程建设项目有下列情形之一的，可以不进行施工招标：

（一）涉及国家安全、国家秘密、抢险救灾或者属于利用扶贫资金实行以工代赈需要使用农民工等特殊情况，不适宜进行招标；

（二）施工主要技术采用不可替代的专利或者专有技术；

（三）已通过招标方式选定的特许经营项目投资人依法能够自行建设；

（四）采购人依法能够自行建设；

（五）在建工程追加的附属小型工程或者主体加层工程，原中标人仍具备承包能力，并且其他人承担将影响施工或者功能配套要求；

（六）国家规定的其他情形。

《工程建设项目勘察设计招标投标办法》

第四条 按照国家规定需要履行项目审批、核准手续的依法必须进行招标的项目，有下列情形之一的，经项目审批、核准部门审批、核准，项目的勘察设计可以不进行招标：

（一）涉及国家安全、国家秘密、抢险救灾或者属于利用扶贫资金实行以工代赈、需要使用农民工等特殊情况，不适宜进行招标；

（二）主要工艺、技术采用不可替代的专利或者专有技术，或者其建筑艺术造型有特殊要求；

（三）采购人依法能够自行勘察、设计；

（四）已通过招标方式选定的特许经营项目投资人依法能够自行勘察、设计；

（五）技术复杂或专业性强，能够满足条件的勘察设计单位少于三家，不能形成有效竞争；

（六）已建成项目需要改、扩建或者技术改造，由其他单位进行设计影响项目功能配套性；

（七）国家规定其他特殊情形。

（二）要点简析

项目业主应有效识别可以不进行招标的特殊情况。可以不进行招标的特殊情况有较严格的限制，主要是：涉及国家安全或者国家秘密不适宜招标的；勘察、设计采用特定专利或者专有技术的，或者其建筑艺术造型有特殊要求不宜进行招标的；抢险救灾及法律法规规定的其他特殊项目等情况。实际操作中应对照条文，准确识别，避免出现应招未招而导致合同无效的情况。

三、防控重点

1. 特殊情况不招标应履行报批手续

依法必须招标的项目，因情况特殊不进行招标的，应履行必要的审批手续。如某省“依法必须公开招标的工程建设项目不招标或邀请招标审核程序”规定，依法必须进行公开招标的项目申请不招标或邀请招标，应当在申请项目审批、核准时一并提出，具体说明不招标或邀请招标的理由，同时提供认定文件及相关证明材料，交由项目审批、核准部门进行审批、核准。

2. 应明确特殊情况不招标的审批流程

为提高各部门明确特殊情况不招标的审批效率，需要明确相应的审批流程。如某省对不招标、邀请招标情形按照以下分工进行认定：

（1）采用公开招标方式的费用占项目合同金额的比例过大的，由项目审批、核准部门在审批、核准项目时作出认定。

（2）项目技术复杂、有特殊要求或者受自然地域环境限制，只有少量潜在投标人可供选择的，由招标人申请有关行政监督部门作出认定。

（3）涉及国家安全或者国家秘密的，须由具备审查权限的国家安全机关或保密机关出具认定文件。

（4）涉及抢险救灾工程的，须有同级人民政府对于项目性质认定的正式文件。

（5）其他情形由项目所属的行业主管部门作出认定。

第二章 投 标

第一节　投标人以低于成本的价格竞标，中标无效

一、案例

案例：一审未考虑鉴定意见的例外情况认定低于成本价竞标，二审改判

案号：（2019）赣11民终37号

2017年，被告1某铜矿就该矿运输部外线通勤业务承包项目邀标。招标文件规定，报价超出标底或明显恶意低于成本报价的，视为无效投标。宇某运输公司、德某客运公司和镇某公司受邀后投标。被告2德某客运公司以6.09元/千米中标。2017年12月8日双方签订承包合同，现已履行完毕，双方已按中标价 6.09 元/千米的价格进行结算。原告宇某运输公司诉至法院，要求确认两被告中标及承包合同无效。

一审法院依申请委托鉴定。鉴定意见为每千米营运成本为7.60元，并说明本鉴定意见的成本价是根据市场评估而得的社会营业成本，但不排除存在竞标公司因技术专长、材料采购渠道和管理方面等原因其营运成本低于社会营运平均成本情况。

一审法院认为，此次中标违反招标投标相关法律法规关于中标价不得低于成本价的禁止性规定，判决承包项目中标无效，二被告就该中标事宜签订的承包合同无效。

二审法院认为，所谓“低于成本”，是指低于投标人为完成招标项目所需支出的个别成本。由于每个投标人的管理水平、技术能力与条件不同，即使完成同样的招标项目，其个别成本也不可能完全相同。管理水平高、技术先进的投标人，其生产、经营成本低，有条件以较低的报价参加投标竞争，这是其竞争实力强的表现。实行招标投标的目的，正是为了通过投标人之间的竞争，特别在投标报价方面的竞争，择优选择中标者，因此，只要投标人的报价不低于自身的个别成本，即使是低于行业平均成本，应当允许并提倡。原审期间，司法鉴定中心做出的每千米营运成本为7.60元的鉴定意见，是社会营业成本，并非投标人为完成招标项目所支出的个别成本。该鉴定机构在鉴定意见书中亦确认不排除存

在竞标公司因技术专长、材料采购渠道和管理方面等原因其营运成本低于社会营运平均成本的情况，因此不能认定被告2德某客运公司以低于成本价中标。改判撤销一审判决，驳回宇某运输公司的诉讼请求。

二、法律分析

（一）关键法条

《招标投标法》

第三十三条 投标人不得以低于成本的报价竞标，也不得以他人名义投标或者以其他方式弄虚作假，骗取中标。

第四十一条 中标人的投标应当符合下列条件之一：

（一）能够最大限度地满足招标文件中规定的各项综合评价标准；

（二）能够满足招标文件的实质性要求，并且经评审的投标价格最低；但是投标价格低于成本的除外。

《招标投标法实施条例》

第五十一条 有下列情形之一的，评标委员会应当否决其投标：

（一）投标文件未经投标单位盖章和单位负责人签字；

（二）投标联合体没有提交共同投标协议；

（三）投标人不符合国家或者招标文件规定的资格条件；

（四）同一投标人提交两个以上不同的投标文件或者投标报价，但招标文件要求提交备选投标的除外；

（五）投标报价低于成本或者高于招标文件设定的最高投标限价；

（六）投标文件没有对招标文件的实质性要求和条件作出响应；

（七）投标人有串通投标、弄虚作假、行贿等违法行为。

《评标委员会和评标方法暂行规定》

第二十一条 在评标过程中，评标委员会发现投标人的报价明显低于其他投标报价或者设有标底时明显低于标底，使得其投标报价可能低于其个别成本的，应当要求投标人做出书面说明并提供相关证明材料。投标人不能合理说明或者不能提供相关材料的，由评标委员会认定该投标人以低于成本报价竞标，其投标应作废标处理。

（二）要点简析

编者经搜索裁判文书网，暂未收集到涉电的低于成本价竞标被认定为无效的案例。但相关的法理，还是应引起重视。

如果被评标委员会认定为低于企业成本，将作否决投标处理。而被认定为合理低价，则会大大增加中标机会。因此，如何界定投标人的报价是否低于其成本显得尤为重要。现行的判定办法[1]一般将标底价格分为三类具体考核：①不可竞争费用如规费、税金等；②有限竞争费用，如人工工资、材料费、机械使用费、措施费；③完全竞争费用，如施工利润、企业管理费。将不可竞争费用直接计入成本；将完全竞争费用从标底价格中扣除；对于有限竞争费用，应要求投标人提供有关书面证明材料，如采取的技术手段、施工方案、材料采购的渠道、人工工资标准、降低消耗量指标措施等，用以说明编制的依据。应根据投标人提供材料的真实性、可信度及当地的价格水平、市场供求、竞争状况，对有说服力的有限竞争费用进行调整，否则不予调整。将不可竞争费用与调整后的有限竞争费用相加得到投标人的企业个别成本，如果投标人的报价低于认定的企业成本，将按否决投标处理；否则为合理低价。

认定投标报价是否低于成本，是一个专业性较强且非常重要的问题，没有绝对把握，不能轻易判定。在认定报价是否低于成本时，应当认真、负责、科学、公平、公正、严谨地对待，避免出现如本节案例类似的纠纷。

三、防控重点

电网工程和物资采购均事关能源安全、经济发展和社会稳定。低于成本报价参与竞标的投标人在取得合同后，可能为了节省开支，想方设法采用偷工减料、粗制滥造、以次充好等违法手段不正当地降低成本，不利于保证工程质量，不符合公平、公正和诚实信用的原则，不仅给招标人造成不可挽回的损失，对投标人而言也会给企业的远期利益和持续发展造成不良影响。因此，不得低于成本报价参与竞标的相关规定，有利于维护招标人、投标人的合法利益和自由竞争的良好市场秩序。

1. 精准设定技术要求

电网项目招标的技术参数相对复杂，如果技术要求中的具体指标、参数设置不够详细、精准，就很难对投标人形成有效的约束。而技术参

[1] 参考来源：中国招标公共服务平台。

数和技术要求是电网项目和电气设备招标的关键，直接影响投标报价。如开关设备等产品，不同档次产品价格差异较大，如果技术参数设置不完善，投标人往往投机取巧，选择低价产品以降低成本。所以，将技术要求指标化、参数化，将产品档次描述清楚十分重要。但需要注意的是，一定要避免歧视性的条款出现（详见第一章第二节）。

2. 准确界定招标范围

电网建设工程、物资采购的范围较大，涉及的边界条件较为复杂，如果招标范围界定不准或不清晰，投标人就有漏报或故意少报的空间。为此，制定完整、准确的招标采购项目清单，如工程量清单、采购清单、服务事项一览表等,可以在一定程度上防止投标人在招标范围上做文章，以防止出现低于成本价投标的情况。

3. 明确设定履约条件

履约条件包括合同履约要求和招标人、中标人提供的履约条件。这些外部条件直接关系投标人报价及合同履约，一旦报价要求不明确，投标人理解与招标人要求出现偏差，会造成低于成本价投标情况的出现。如变压器采购的履约地点、运费及安装要求等，都将很大程度上影响报价。因此，对于履约条件描述得越清楚，界定越准确，投标人出现低于成本价投标的可能性越小。

4. 加强评标全过程管理

经查询裁判文书网，供电企业工程建设项目和货物、服务采购的招投标中，以投标人低于成本的价格参与竞标而否决投标或认定中标无效的案例较少，充分说明了输变电工程和电气设备的成本因施工企业、设备制造厂家的不同而存在较大的差异，是否低于投标人个别成本价的认定较为困难。但输变电工程和电气设备如果低于成本价中标，造成恶性竞争的危害往往大于普通的建设工程和货物采购，因此还应十分关注投标人是否低于成本价参与竞标。如何认定“投标人低于成本价投标”，评标委员会要充分发挥其作用。如果投标报价与其他投标人报价或是标底比较后，认为有可能低于其个别成本的，评标委员会应要求投标人作出书面说明并提供有关证明材料。

根据《评标委员会和评标方法暂行规定》并结合具体操作，评标委员会可以认定投标人以低于其成本的报价竞标主要情形有：一是评标委员会对投标报价算术错误修正后，要求投标人对修正后报价予以确认而投标人不确认；二是投标人不按评标委员会的要求澄清、说明，说明不合理或是无法提供有关证明材料支持其说明，都可视为“以低于成本的价格竞标”。

第二节　挂靠或借资质以他人名义投标，中标无效

一、案例

案例 1：输变电工程发包方明知施工挂靠，合同无效并承担顺序清偿责任

案号：（2014）中中法民一终字第 1336 号

某电力公司具备电力工程施工总承包一级、消防设施工程专业承包二级、机电设备安装工程专业承包等经营资格。电力公司承建 110 千伏上某输变电工程及 110 千伏顺某输变电工程后，于 2010 年 7 月 12 日、17 日经发包方同意，将土建工程分包给某城建公司承建。某城建公司于 2010 年 6 月 8 日授权梁某自 2010 年起全权负责某城建公司资质范围内承接的施工项目，并承担安全、质量责任。2010 年 7 月 24 日，梁某分别以电力工程有限公司 110 千伏上某输变电工程项目部、电力工程有限公司 110kV 顺某输变电工程项目部名义与德某公司签订基础工程施工承包合同 2 份。德某公司后多次向梁某、电力公司、城建公司等追讨工程款未果，遂于 2013 年 10 月 9 日诉至原审法院，请求判令电力公司、梁某向德某公司支付工程款 511459.5 元及逾期付款违约金。

一审法院认为，工程承包施工合同、工程款收付、授权委托证明书以及技术负责人委任书等形成完整证据链，可以证明涉案土建工程由梁某挂靠城建公司承包，电力公司作为工程分包人，且城建公司及电力公司均明知涉案工程属违法分包。因此，梁某以项目部名义与德某公司签订的 2 份基础工程施工承包合同，实际由梁某挂靠城建公司具体施工及分包，故涉案建设工程施工合同均属无效。电力公司将工程违法分包给梁某实际施工，故电力公司应在梁某、城建公司不足清偿时负支付责任。判决梁某向德某公司偿付工程款 511 459.5 元及其逾期付款违约金，若梁

某不足清偿前述债务，由城建公司支付，再不足则由电力公司支付。二审维持关于合同效力的认定以及承担清偿责任顺序的判决。

案例2：借用他人资质中标而签订的建筑工程施工合同无效

案号：（2015）鄂恩施中民终字第01015号

德某公司为收取管理费将其资质证书借给官某（即官某挂靠德某公司）进行招投标。2010年，官某借用德某公司的资质投标某市公路及某大桥工程项目并中标。

关于案涉中标效力及案涉所有合同效力问题，一审法院认为，官某借用德某公司的资质投标并与案外人交通局签订了建设工程施工合同，德某公司和官某均认可该挂靠事实。官某通过租借等方式获取的资格、资质证书投标，属于《招标投标法》第三十三条规定的以他人名义投标。认定案涉工程中标违反了法律、行政法规的禁止性规定，中标无效。二审维持该项认定。

案例3：借用他人资质签订的建筑工程施工合同无效

案号：（2019）晋04民终159号

2017年7月9日，某庄村委与开某公司签订建筑工程施工合同一份，合同约定由开某公司承建该庄村新农村住宅小区建设项目，庄村委同意以自有村集体土地7.74亩交给开某公司开发，开某公司负责完成项目审批、工程建设的全部资金及销售等。庄村委会由代表人吴某签字，开某公司由郭某签字。庭审中，查明合同的签字人、履行人均为郭某，郭某按工程总造价 1%向开某公司交纳管理费。郭某与开某公司未签订劳动合同及挂靠合同。长期以来，郭某系自己承揽工程，然后以开某公司名义签订合同及向开某公司按工程造价的1%交纳管理费。

一审法院认为，本案中郭某向开某公司交纳工程管理费，开某公司在收取管理费后，对工程的施工不进行任何管理，也不进行工程款的收取，由郭某自行施工及享有施工收益，郭某与开某公司这种行为系郭某无施工资质，借用有资质的公司进行施工的行为。郭某借用开某公司名义与庄村委会签订的合同书系建筑工程施工合同，没有资质的实际施工人借用有资质的建筑施工企业名义签订的合同，依法为无效合同。判决确认原告与被告签订的合同为无效合同。二审维持原判。

案例4：被挂靠公司与挂靠人承担工程款支付的连带责任

案号：（2018）云 04 民终 551 号

2016 年 4 月 28 日李某借用某公司的名义承包了某村委会三组统建房项目的施工工程并签订施工合同，双方在合同中约定了工程价款、付款方式、工期等内容。2016 年 9 月 30 日李某与某公司签订一份工程合作施工协议，双方就李某借用某公司资质承建村委会三组统建房项目的相关事项作了约定。工程完工后李某于 2017 年 9 月将其承包的工程交付给发包方。后因工程款支付涉讼。

一审法院认为，李某与某公司签订的工程合作施工协议实为挂靠协议，李某系没有资质借用某公司名义签订的建设工程施工合同，应为无效。但一审法院未判决某公司对李某应付的工程款债务承担连带责任。二审改判被挂靠单位某公司对工程款支付承担连带责任。

二、法律分析

（一）关键法条

《招标投标法》

第三十三条 投标人不得以低于成本的报价竞标，也不得以他人名义投标或者以其他方式弄虚作假，骗取中标。

第五十四条 投标人以他人名义投标或者以其他方式弄虚作假，骗取中标的，中标无效，给招标人造成损失的，依法承担赔偿责任；构成犯罪的，依法追究刑事责任。

依法必须进行招标的项目的投标人有前款所列行为尚未构成犯罪的，处中标项目金额千分之五以上千分之十以下的罚款，对单位直接负责的主管人员和其他直接责任人员处单位罚款数额百分之五以上百分之十以下的罚款；有违法所得的，并处没收违法所得；情节严重的，取消其一年至三年内参加依法必须进行招标的项目的投标资格并予以公告，直至由工商行政管理机关吊销营业执照。

《建筑法》

第二十六条 承包建筑工程的单位应当持有依法取得的资质证书，并在其资质等级许可的业务范围内承揽工程。

禁止建筑施工企业超越本企业资质等级许可的业务范围或者以任何形式用其他建筑施工企业的名义承揽工程。禁止建筑施工企业以任何形式允许其他单位或者个人使用本企业的资质证书、营业执照，以本企业的名义承揽工程。

《招标投标法实施条例》

第四十二条 使用通过受让或者租借等方式获取的资格、资质证书投标的，属于招标投标法第三十三条规定的以他人名义投标。

《最高人民法院关于适用〈中华人民共和国民事诉讼法〉的解释》

第五十四条 以挂靠形式从事民事活动，当事人请求由挂靠人和被挂靠人依法承担民事责任的，该挂靠人和被挂靠人为共同诉讼人。

《最高人民法院关于审理建设工程施工合同纠纷案件适用法律若干问题的解释》

第一条 建设工程施工合同具有下列情形之一的应当根据合同法第五十二条第（五）项的规定，认定无效：

（一）承包人未取得建筑施工企业资质或者超越资质等级的；

（二）没有资质的实际施工人借用有资质的建筑施工企业名义的；

（三）建设工程必须进行招标而未招标或者中标无效的。

《承装（修、试）电力设施许可证管理办法》（国家电力监管委员会令第6号）

第三十七条 被许可人涂改、倒卖、出租、出借许可证，或者以其他形式非法转让许可证的，许可机关应当给予警告，并处1万元以上3万元以下罚款。

《建筑工程施工发包与承包违法行为认定查处管理办法》（建市规〔2019〕1号）

第八条 存在下列情形之一的，应当认定为转包，但有证据证明属于挂靠或者其他违法行为的除外：

（一）承包单位将其承包的全部工程转给其他单位（包括母公司承接建筑工程后将所承接工程交由具有独立法人资格的子公司施工的情形）或个人施工的；

（二）承包单位将其承包的全部工程肢解以后，以分包的名义分别转给其他单位或个人施工的；

（三）施工总承包单位或专业承包单位未派驻项目负责人、技术负责人、质量管理负责人、安全管理负责人等主要管理人员，或派驻的项目负责人、技术负责人、质量管理负责人、安全管理负责人中一人及以上与施工单位没有订立劳动合同且没有建立劳动工资和社会养老保险关系，或派驻的项目负责人未对该工程的施工活动进行组织管理，又不能进行合理解释并提供相应证明的；

（四）合同约定由承包单位负责采购的主要建筑材料、构配件及工程设备或租赁的施工机械设备，由其他单位或个人采购、租赁，或施工单位不能提供有关采购、租赁合同及发票等证明，又不能进行合理解释并提供相应证明的；

（五）专业作业承包人承包的范围是承包单位承包的全部工程，专业作业承包人计取的是除上缴给承包单位“管理费”之外的全部工程价款的；

（六）承包单位通过采取合作、联营、个人承包等形式或名义，直接或变相将其承包的全部工程转给其他单位或个人施工的；

（七）专业工程的发包单位不是该工程的施工总承包或专业承包单位的，但建设单位依约作为发包单位的除外；

（八）专业作业的发包单位不是该工程承包单位的；

（九）施工合同主体之间没有工程款收付关系，或者承包单位收到款项后又将款项转拨给其他单位和个人，又不能进行合理解释并提供材料证明的。

两个以上的单位组成联合体承包工程，在联合体分工协议中约定或者在项目实际实施过程中，联合体一方不进行施工也未对施工活动进行组织管理的，并且向联合体其他方收取管理费或者其他类似费用的，视为联合体一方将承包的工程转包给联合体其他方。

第九条 本办法所称挂靠，是指单位或个人以其他有资质的施工单位的名义承揽工程的行为。

前款所称承揽工程，包括参与投标、订立合同、办理有关施工手续、从事施工等活动。

第十条 存在下列情形之一的，属于挂靠：

（一）没有资质的单位或个人借用其他施工单位的资质承揽工程的；

（二）有资质的施工单位相互借用资质承揽工程的，包括资质等级低的借用资质等级高的，资质等级高的借用资质等级低的，相同资质等级相互借用的；

（三）本办法第八条第一款第（三）至（九）项规定的情形，有证据证明属于挂靠的。

（二）要点简析

1. 以他人名义投标的主要形式

根据《建筑工程施工发包与承包违法行为认定查处管理办法》（建市规〔2019〕1号），挂靠是指：①没有资质的单位或个人借用其他施工单位的资质承揽工程的；②有资质的施工单位相互借用资质承揽工程的，包括资质等级低的借用资质等级高的，资质等级高的借用资质等级低的，相同资质等级相互借用的；③本办法第八条第一款第（三）至（九）项规定的情形，有证据证明属于挂靠的。

除挂靠外，以他人名义投标还包括使用通过受让或者租借等方式获取的资格、资质证书投标等情形。住建部曾下发《关于对工程建设中挂靠借用资质投标违规出借资质问题进行专项清理的通知》，明确挂靠借用资质投标、违规出借资质问题清理内容是：①无资质证书的企业、个人或者有资质证书的企业通过各种途径和方式，利用其他企业的资质及名义投标或承接工程；②通过出让、出借资质证书或者其他方式，允许其他企业或个人以本企业名义投标或承接工程；③按照房屋建筑和市政工程建设相关文件的规定，可以认定为挂靠借用资质投标、违规出借资质的行为。

2. 以他人名义投标行为的认定

借用资质、挂靠行为往往较为隐蔽，较难发现。以转让、租借、买卖或以交纳管理费等方式获得使用他人资格证书及相关资料并以他人名义投标或承揽工程的，双方签订的协议一般不为招标人所知。投标保证金虽由投标单位基本账户转出，但先由非投标单位人员将投标保证金存入投标单位或有关个人账户，或以其他方式抵押的，也很难发现。

但是在挂靠人或借用人参与招投标的过程中，总会留下蛛丝马迹。如由其他单位或者其他单位负责人在本单位编制的投标文件上加盖印章或者签字，说明投标文件及技术性文件非本单位编制或非本单位委托相关单位编制；投标或承包工程单位使用的建筑师、项目经理等与项目有关的主要技术、质量、安全和其他施工管理人员，为非本单位注册人员或非本单位人员的；承包合同约定的施工、监理单位项目经理即项目负责人、项目总监等工程项目主要管理人员不到岗或严重缺岗，实际由他人履行职责，且他人非本单位人员等情况，都可以说明存在挂靠或借用他人资质的嫌疑。一旦发现以上情况，应及时查处。

三、防控重点

1. 规范资格预审

资格审查由招标人或招标代理机构组织。根据项目需要，可采取资格预审或资格后审等方式。依法必须招标项目的投标人资格审查，必须进入各级公共资源交易中心、招标投标服务平台操作。资格预审申请书或投标文件应同时填报项目负责人、技术负责人、施工员、质检员、安全员、材料员等主要管理人员。主要管理人员必须为本单位在岗工作人员，应以社保证明加盖公章为准，否则不得通过资格审查。资格预审的实施方法应在资格预审文件中予以明确。

2. 严格资格审查

评标过程中，评标委员会要严格审查建造师即项目负责人、技术负责人以及项目部其他主要人员的原件资料。评标委员会在评标过程中发现有被确认的资质挂靠行为的，应作否决投标处理。

需要特别指出的是，要求投标单位法定代表人到现场开标、暂存相关人员执业资格证书可以有效防范弄虚作假投标行为，但是在一定程度上增加了投标单位的负担。因此，2018 年住房城乡建设部开展建筑企业跨省承揽业务监督管理专项检查时，把强制扣押外地企业和人员的相关证照资料、要求企业法定代表人到场办理入省（市）手续等作为督查整改的主要内容。因此，项目开标时应区分情况，在大型项目、大宗采购时，应谨慎、适当地提出投标单位法定代表人到现场开标的要求。

3. 严禁在合同履行过程中更换主要管理人员

投标文件中的项目负责人、技术负责人、安全员等主要管理人员确需更换的，必须报招标人批准，擅自更换的，招标人有权根据约定解除承包合同并追究违约责任。对项目工程实行责任施工，一名项目经理即项目负责人只能负责一个与其等级相适应的工程，不得同时兼管多项工程。为防止“一证多挂”，业主单位在签订中标合同前，也可以与中标人约定必须将项目负责人的执业资格证书交由招标方暂存，至工程完工才能退还。暂存相关人员执业资格证书，无明确法律依据，因此如需暂存，应有明确约定。

4. 加强项目资金往来的监管

改进投标保证金和履约保证金提交方式，要求投标保证金必须从投标人注册地的基本账户转入招标人指定账户。退还投标保证金时，也应当退回原转出账户。严禁在投标保证金退还过程中通过现金支付方式支给其他单位或任何个人。要通过银行加强对项目部基本账户资金流向的监管。凡未拨入中标人基本账户的拨款申请，一律不予同意。凡资金拨付，应经招标人的主要负责人签字认可。严禁招标人直接向其他单位和个人拨付项目资金。

5. 加大挂靠、借用、出借资质行为的查处力度

挂靠、借用资质、出借资质行为均为法律所不允许。应严肃招投标工作纪律，拓宽举报、投诉渠道。经调查核实，确实有围标串标、资质挂靠等违法违规行为的，一经核实取消投标资格、中标资格并不退还投标保证金，严重者取消一年或以上投标资格，并向行政监督部门申请进入诚信黑名单。招标人还应及时向有关部门报告，依法严肃处理，情节严重构成犯罪的，移送司法机关处理。

6. 建立投标企业诚信档案及市场准入机制

除了全国统一的信用评价体系外，电网企业也可以建立内部的招投标从业单位信用数据库，实现企业信用信息的查询、交流和共享。凡是有商业贿赂行为、围标串标、资质出租、出借、转让、收取管理费等方式的违法违规行为，或中标后不按中标承诺、合同履约的单位或个人均记入信用档案，作为资格审查和评标阶段对评标人进行信用评价的重要依据，并作为对投标人是否符合市场准入的条件之一。

第三节 以其他方式弄虚作假骗取中标，中标无效

一、案例

案例 1：变造国家机关证件多次参加投标，虽未中标也被判处刑罚

案号：（2013）杭西刑初字第 189 号

2012 年 6 月至 7 月，被告人杨某变造某科技有限公司的企业法人营业执照、组织机构代码证、税务登记证、银行开户许可证等 4 份国家机

关证件，并授意被告人汪某变造该科技有限公司的软件产品登记证书、计算机软件著作权登记证书、实用新型专利证书、高新技术企业证书等 11 份国家机关证件，后利用变造的国家机关证件制作标书参与招投标活动。

辩护人提出，被告人杨某变造的国家机关证件系扫描件而非原件，且其利用变造的国家机关证件在招投标中并未中标，危害较小，故其行为不构成变造国家机关证件罪。

法院认为，被告人杨某利用该变造的国家机关证件多次参加招投标，客观上部分实现了其违法目的，其变造行为已损害了国家机关证件的公信力和信誉，影响了国家机关的正常管理活动，对公共秩序造成破坏，符合变造国家机关证件罪的特征，故构成变造国家机关证件罪。判决被告人杨某犯变造国家机关证件罪，判处有期徒刑三年；汪某犯变造国家机关证件罪，判处有期徒刑一年六个月，缓刑二年。

案例 2：伪造印章参与投标，应承担刑事责任

案号：（2017）鲁 1302 刑初 1514 号

被告人王某系某电气有限公司、某新能源有限公司、某设计院有限公司等单位的实际控制人。2016 年 12 月，被告人王某指使职工薛某伪造《检察机关行贿犯罪档案查询结果告知函》，并在某分布式光伏扶贫地面站项目中作为投标资料使用。2017 年 1 月 8 日，被告人王某通过职工胡某指使薛某销毁伪造的假印章，薛某遂将放在办公室的印章带至其变压器工厂食堂销毁，后 5 枚未销毁的印章被职工李某收起并交给公安机关。经查，该 5 枚印章均系伪造的两面印章，显示内容为“某区人民检察院查询行贿犯罪档案专用章”“某市国家税务局”“某市地方税务局”“某集团某省电力集团公司营销部”等。其中，被告人王某伪造的“某集团某省电力集团公司营销部”印章虽与现有的某省电力公司营销部真实印章内容不完全一致，但足以使人合理信赖单位主体的统一性，误认为是该单位的真实印章，故认定被告人王某伪造该印章成立。一审判决被告人王某犯伪造国家机关公文、印章罪，判处有期徒刑一年四个月，并处罚金人民币一万元；犯伪造公司印章罪，判处拘役六个月，并处罚金人民币一万元；合并执行有期徒刑一年四个月，并处罚金人民币二万元。

案例 3：隐瞒被行政处罚事实弄虚作假投标，被举报后取消中标

案号：（2019）川 18 行终 13 号

2017 年 11 月 6 日，经过公开招标投标，通某公司中标承建省道 105 线地震灾后重建升级改造一标段项目工程。2017 年 11 月 10 日，区公路养护管理段向区交通局递交了投诉举报。2017 年 11 月 12 日，区交通局针对举报事项立案查处。经调查，区交通局认定通某公司在投标过程中存在弄虚作假骗取中标的情形，遂于 2017 年 12 月 21 日对通某公司作出行政处罚决定书，并向通某公司送达。2017 年 12 月 21 日，通某公司向市交通运输局申请复议。市交通运输局经复议，撤销了区交通局的行政处罚决定书，责令区交通局重新作出具体行政行为。区交通局经过再次调查、询问、告知、听证、评议、讨论等法定程序后，于 2018 年 4 月 26 日对通某公司重新作出了行政处罚决定书，认定投标人以弄虚作假骗取中标，中标无效，没收其投标保证金，由有关行政主管部门将其列入不诚信企业名单，取消其一至三年内参加该市所有国家投资工程项目投标资格并予以公告。通某公司认为该处罚决定认定事实缺乏法律依据，遂起诉至法院，请求依法予以撤销。

一审法院查明，通某公司因串通投标于 2017 年 9 月 21 日被某市交通运输局行政处罚的行为，属于招标文件中载明的限制投标的情形；通某公司在向招标人递交的投标文件中声明其不存在限制投标情形，但在中标后经他人举报被发现以上限制投标的事实，已经构成隐瞒，符合招标文件中载明的虚假投标行为。判决驳回通某公司的诉讼请求。二审维持原判。

案例 4：明知未验收工程不能作为业绩仍提供，属于弄虚作假中标无效

案号：（2019）皖 01 行终 57 号

2017 年 9 月 22 日，原告某监理公司中标综合治理工程项目管理及监理一体化项目。其投标时提供了投标业绩承诺函，承诺其所提交的投标人业绩大众路市政监理项目等项目业绩真实有效。2017 年 9 月 24 日，投诉人石先生向“12345 政府服务直通车”投诉，称监理公司提供的第五个业绩（大众路监理工程）与实际不符，该项目目前还在施工中，并未竣工，同时提供了现场照片。公管局调查后于 2017 年 11 月 13 日作出《关于某市工程建设监理有限公司中标无效的处理决定》后于次日向监理

公司送达。监理公司向市政府申请行政复议。市政府复议后，原告诉至法院。

一审法院认为，根据招标文件“业绩要求”，已完成的工程要有竣工验收证明材料。监理公司在投标时提供了大众路工程监理作为其业绩之一。2017 年 10 月 26 日，公管局工作人员到大众路施工现场查看时，发现在监理公司监理合同范围内的道路人行道和机动车道部分路段沥青尚未摊铺。以上事实证明监理公司在参加涉案项目投标时，“大众路监理工程”并未经过竣工验收，不符合招标文件要求的投标人业绩，而监理公司对此明知，但其仍然将此作为投标人业绩参与投标，确属弄虚作假以骗取中标，违反了《招标投标法》第三十三条规定。判决驳回某监理公司的诉讼请求。二审维持原判。

案例 5：投标人弄虚作假中标无效，违法占用投标保证金应支付利息

案号：（2019）鲁 11 民终 401 号

2018 年 2 月，某村民委员会作为招标人，委托招标代理机构就某片区旧城改造安置区地砖采购项目发布招标公告。原告某商贸有限公司于 2018 年 2 月 27 日交纳投标保证金 10 万元。2018 年 3 月 27 日采购与招标网公示中标人为商贸有限公司。2018 年 6 月 29 日某村民委员会向商贸有限公司发函称原告在投标过程中存在造假行为且样品和招投标文件严重不符，不能依据该次招投标结果和原告签订合同。某村民委员会于 2018 年 5 月 10 日退还了 10 万元投标保证金。商贸有限公司遂提起本案诉讼，认为其支付的 10 万元系一种订约定金，目的是担保合同的最终签订，某村民委员会不与其签订合同，应双倍返还，除已经返还 10 万元外，还应再支付 10 万元。

一审法院认为，某村民委员会就某片区旧城改造安置区地砖采购项目发布招标文件，系要约邀请，商贸有限公司按招标文件要求投标，系要约。某村民委员会未给商贸有限公司发出中标通知书，亦未与商贸有限公司签订合同。双方之间的合同关系尚未成立。投标保证金不是定金，商贸有限公司要求某村民委员会双倍赔偿于法无据。但某村民委员会未及时退还投标保证金，应支付利息。判决被告支付原告利息损失 223 元，驳回原告其他诉讼请求。

二审法院认为，商贸有限公司在招投标过程中提供的地板砖样品与

招标、投标文件中要求的地板砖重量不符。某村民委员会对评标结果提出的异议理由成立，其对合同未成立不存在过错。二审判决维持原判。

二、法律分析

（一）关键法条

《招标投标法》

第三十三条　投标人不得以低于成本的报价竞标，也不得以他人名义投标或者以其他方式弄虚作假，骗取中标。

第五十四条　投标人以他人名义投标或者以其他方式弄虚作假，骗取中标的，中标无效，给招标人造成损失的，依法承担赔偿责任；构成犯罪的，依法追究刑事责任。

依法必须进行招标的项目的投标人有前款所列行为尚未构成犯罪的，处中标项目金额千分之五以上千分之十以下的罚款，对单位直接负责的主管人员和其他直接责任人员处单位罚款数额百分之五以上百分之十以下的罚款；有违法所得的，并处没收违法所得；情节严重的，取消其一年至三年内参加依法必须进行招标的项目的投标资格并予以公告，直至由工商行政管理机关吊销营业执照。

《招标投标法实施条例》

第四十二条　使用通过受让或者租借等方式获取的资格、资质证书投标的，属于招标投标法第三十三条规定的以他人名义投标。

投标人有下列情形之一的，属于招标投标法第三十三条规定的以其他方式弄虚作假的行为：

（一）使用伪造、变造的许可证件；

（二）提供虚假的财务状况或者业绩；

（三）提供虚假的项目负责人或者主要技术人员简历、劳动关系证明；

（四）提供虚假的信用状况；

（五）其他弄虚作假的行为。

第五十一条　有下列情形之一的，评标委员会应当否决其投标：

（一）投标文件未经投标单位盖章和单位负责人签字；

（二）投标联合体没有提交共同投标协议；

（三）投标人不符合国家或者招标文件规定的资格条件；

（四）同一投标人提交两个以上不同的投标文件或者投标报价，但招标文件要求提交备选投标的除外；

（五）投标报价低于成本或者高于招标文件设定的最高投标限价；

（六）投标文件没有对招标文件的实质性要求和条件作出响应；

（七）投标人有串通投标、弄虚作假、行贿等违法行为。

第六十八条 投标人以他人名义投标或者以其他方式弄虚作假骗取中标的，中标无效；构成犯罪的，依法追究刑事责任；尚不构成犯罪的，依照招标投标法第五十四条的规定处罚。依法必须进行招标的项目的投标人未中标的，对单位的罚款金额按照招标项目合同金额依照招标投标法规定的比例计算。

投标人有下列行为之一的，属于招标投标法第五十四条规定的情节严重行为，由有关行政监督部门取消其 1 年至 3 年内参加依法必须进行招标的项目的投标资格：

（一）伪造、变造资格、资质证书或者其他许可证件骗取中标；

（二）3 年内 2 次以上使用他人名义投标；

（三）弄虚作假骗取中标给招标人造成直接经济损失 30 万元以上；

（四）其他弄虚作假骗取中标情节严重的行为。

投标人自本条第二款规定的处罚执行期限届满之日起 3 年内又有该款所列违法行为之一的，或者弄虚作假骗取中标情节特别严重的，由工商行政管理机关吊销营业执照。

（二）要点简析

1. 弄虚作假投标的主要表现形式

除前两节以低于成本的价格竞标、以他人名义投标外，其他弄虚作假投标的行为主要有：

一是使用伪造、变造的许可证件。根据《刑法》第二百八十条规定，伪造、变造买卖或者盗窃、抢夺、毁灭国家机关的公文、证件、印章的，处三年以下有期徒刑、拘役、管制或者剥夺政治权利，并处罚金；情节严重的，处三年以上十年以下有期徒刑，并处罚金。伪造公司、企业、事业单位、人民团体的印章的，处三年以下有期徒刑、拘役、管制或者剥夺政治权利，并处罚金。因此，如果行为人伪造国家机关公文或公司印章，即使没有中标，也可能承担刑事责任。如本节案例 1、案例 2。

二是提供虚假的财务状况或业绩。主要是提供虚假业绩、财务状况、信用证明、建设工程合同等材料。投标人所提交的业绩、财务状况与其实际情况不符，或者虚构实际并不存在的业绩，或者通过涂改、伪造相关材料以满足招标要求。关于提供虚假的财务状况，应特别注意的是，根据《刑法》第一百七十七条，如果提供虚假的财务状况涉及伪造、变造金融票证，则涉嫌刑事责任。关于提供虚假的业绩，根据《招标投标法》第二十六条规定，投标人应当具备承担招标项目的能力；国家有关规定对投标人资格条件或者招标文件对投标人资格条件有规定的，投标人应当具备规定的资格条件。投标人如果不具备承担招标项目的能力，或者没有资格条件的投标人以他人的名义投标以骗取中标的，即属违法。

三是提供虚假的项目负责人或者主要技术人员简历、劳动关系证明。该条应注意，如果提供虚假的项目负责人或者主要技术人员简历、劳动关系证明时伪造、变造身份证件，则涉嫌刑事犯罪。另外，还应关注违规使用在建项目的项目负责人、总监理工程师等情况，审查是否符合《注册建造师执业管理办法》中关于“注册建造师不得同时在两个及两个以上的建设工程项目上担任施工单位项目负责人”以及《建筑工程监理规范》关于“总监理工程师可同时担任其他建设工程的总监理工程师，但最多不得超过三项”等规定。

四是提供虚假的信用状况，是指投标人故意隐瞒受到的行政处罚、违约及安全责任事故等情况。如前文案例 3，中标主体隐瞒了曾被行政处罚的事实参与投标，被举报查实后，中标无效，还将面临相应的民事赔偿和行政处罚。

五是其他弄虚作假行为。如本节案例 5，投标人提交的投标文件中表明其提供的瓷砖单片重量应大于或等于 17.5 公斤，就应受该投标文件的约束。但其提供的样品仅 15.5 公斤，不符合招标文件以及其提交的投标文件的要求，即应承担相应的责任。

2. 弄虚作假投标应承担的法律责任

投标人对其弄虚作假骗取中标的行为应负如下法律责任：

（1）民事责任。一是中标无效。根据《招标投标法》第五十四条，投标人以他人名义投标或者以其他方式弄虚作假，骗取中标的，中标无效。二是赔偿损失。投标人弄虚作假的行为给招标人造成损失的，依法承担赔偿责任。投标人的赔偿责任应当限于财产损失，不包括精神损害。赔偿范围既包括直接损失也包括间接损失。损害赔偿的对象为因投标人骗取中标的行为而遭受损害的招标人。

（2）刑事责任。投标人弄虚作假骗取中标的行为情节严重构成犯罪的，应当由司法机关依法追究投标人的刑事责任。单位构成犯罪的，对单位处以罚金，对直接负责的主管人员和其他直接责任人员处以相应的刑罚。

（3）行政责任。一是罚款。包括对投标人处以罚款和对投标单位直接负责的主管人员和其他直接责任人员处以罚款。根据《招标投标法》第五十四条，依法必须进行招标的项目的投标人弄虚作假骗取中标的，有关行政监督部门应当对投标人处中标项目金额千分之五以上千分之十以下的罚款，对中标单位直接负责的主管人员和其他直接责任人员处单位罚款数额百分之五以上百分之十以下的罚款。二是并处没收违法所得。依法必须进行招标项目的投标人通过弄虚作假骗取中标并从中谋取非法利益的，除罚款外，有关行政监督部门还应对其并处没收违法所得。三是取消投标资格。依法必须进行招标的项目投标人弄虚作假骗取中标的行为情节严重的，由有关行政监督部门取消其一年至三年内参加依法必须招标的项目的投标资格并予以公告。四是吊销营业执照。依法必须进行招标项目的投标人弄虚作假骗取中标的违法行为情节严重，取消其一定期限内参与强制招标项目的投标资格尚不足以达到制裁的目的的，工商行政管理机关应当吊销投标人的营业执照。被吊销营业执照的投标人不得从事任何经营业务。五是信用惩戒。2018 年 3 月 21 日国家发展改革委、中国人民银行等 24 个部门联合签署了《关于对公共资源交易领域严重失信主体开展联合惩戒的备忘录》（发改法规〔2018〕457 号），投标人以他人名义投标或者以其他方式弄虚作假，骗取中标的，纳入信用惩戒。

三、防控重点

如何有效预防和治理投标人弄虚作假这一恶行，是保证招投标“三公”原则的重要课题，也是招投标从业人员义不容辞的责任。

1. 招标人应合理设置招标条件

如果招标人脱离招标项目的实际需要和市场供求状况，资质、业绩条件设置太高或业绩方面设置不合理的高额评分，将增加投标人为获得投标或者中标机会在资格、业绩等方面弄虚作假的概率。如果招标文件中对投标人弄虚作假行为的防范条款设置不够到位，将导致投标人弄虚作假行为得不到有效遏制。

2. 评标时加强对投标人弄虚作假行为的审查

投标人弄虚作假行为的审查内容繁多。在审核条件受限、评标时间有限的情况下，如果审查或把关不严，弄虚作假的投标人很可能蒙混过关。因此在开标前、评标中都要充分利用国家企业信用信息公示系统、全国社会保险综合查询平台、红盾查询网、全国法院被执行人信息查询系统等，详细对比、分析、查验投标人的资质证书、营业执照、授权书、企业和建造师（项目经理）业绩等各种资质证明，查验项目经理、主要技术负责人身份、社保证明等资料，严把业绩、资格、资质核查关。不仅需要对投标人的资质等各种证明材料进行审查，还要对从业人员资格等进行审查。

3. 运用好信用惩戒工具

建立招标投标领域信用体系，是整顿和规范建筑市场秩序、有效防范弄虚作假行为的治本之策。企业信用信息公示系统中投标单位资质、企业人员社保缴纳信息、人员职业资格信息、业绩信息、主要审计财务指标、信誉、不良记录信息及在建工程信息等已逐步完善。招标人对投标人的信用审查，要充分利用全国企业信用信息公示系统，把好诚信投标第一关。

第四节　串标、围标可能承担刑事责任，中标无效

一、案例

案例 1：为提高输变电工程项目中标率找多家公司串标，被判处刑罚

案号：（2017）冀 0281 刑初 222 号

2015 年 6 月至 10 月，在市国土资源局高标准基本农田建设项目输配电工程项目、市 2015 年度生态综合治理项目输变电工程项目招投标过程中，被告人田某、乔某为提高自己实际经营的祥某电力安装工程有限

公司的中标率，二人商议由乔某另找公司陪标，统一定价、制作标书。后被告人乔某、田某找来相关人员分别以祥某电力安装工程有限公司、盛某电力安装有限公司、翰某电力工程有限公司的名义参与投标。最终祥某电力安装工程有限公司中标该项目。

经鉴定，2015 年 6 月 18 日、7 月 18 日、10 月 11 日投标文件内盖印的盛某电力安装有限公司的印章和7月12日投标文件内盖印的翰某电力工程有限公司的印章系假章。上述印章系被告人乔某在恒某电脑服务部私自刻制。

法院认为，被告人乔某、田某违反招标、投标管理法规，为谋取利益，采取借用多家有资质公司的名义参与投标，对公开招标的工程实施围标，违背了社会主义市场经济的公平竞争秩序，损害了招标人的合法利益，被告人乔某、田某的行为已构成串通投标罪。判决被告人乔某犯串通投标罪，判处有期徒刑七个月，缓刑一年，并处罚金人民币一万元；被告人田某犯串通投标罪，单处罚金人民币一万元。

案例 2：一人借用多家公司资质参与投标，涉串通投标罪

案号：（2018）豫 08 刑终 118 号

被告人原某系康某实业有限公司法定代表人。2011 年 12 月至 2014 年 7 月，在某集团公司集中规模招标采购直属单位项目、某发电厂一期电站电缆桥架采购等项目中，为了使康某实业有限公司中标，被告人原某分别借用明某实业有限公司、飞某钢结构有限责任公司、汇某实业有限公司、六某建筑集团有限公司等多家公司的资质手续，伙同邓某（另案处理）根据上述公司的资质手续制作标书，并安排他人冒充借用公司工作人员参与现场投标。累计中标金额 2073.85 万元。一审判决被告人原某犯串通投标罪，判处有期徒刑二年，并处罚金人民币 15 万元。二审维持原判。

案例 3：三人分别联系多家公司参与围标串通报价，均被判处串通投标罪

案号：（2018）鄂 0503 刑初 13 号

2013 年 12 月 3 日，某高中校前区及行政综合楼改扩建工程对外发布招标公告，被告人黄某、雷某约定以富某建筑工程有限公司名义参与投标，中标后共同投资该项目，股份各占 50%。在该项目招投标过程中，

为增加中标概率，被告人黄某、雷某、李某分别联系多家公司参与围标，串通投标报价，最终富某建筑工程有限公司以 3557.307 724 万元中标。高中校前区及行政综合楼改扩建工程招标控制价为 3858.67 万元。2014 年 4 月 3 日，富某建筑工程有限公司承建的高中校前区及行政综合楼改扩建工程被评为 2016 年度市建筑优质工程。

法院认为：被告人黄某、雷某、李某在招投标过程中，串通投标报价，损害招标人及其他投标人的利益，中标项目金额 3557.307 724 万元，情节严重，其行为均已构成串通投标罪，且系共同犯罪。在共同犯罪过程中，三被告人分别或共同预谋串通围标，作用相当，应当按其所犯罪行予以处罚。本案串通投标的工程按时保质完成，并被评为优质工程，且中标价在招标方控制价范围内，社会危害后果较轻。分别判决被告人黄某、雷某、李某犯串通投标罪，单处罚金人民币 10 万元、8 万元、3 万元。

案例 4：二审认为串标无效的证据不足，改判备案合同有效

案号：（2018）川民终 1113 号

2010 年 10 月 19 日，兴某公司作为招标人，向“二建”以及省建筑机械化工程公司、省商业建设总公司发出招标邀请书，邀请“二建”等单位参与某广场商住综合开发（一期）项目施工。2010 年 11 月 15 日，“二建”向兴某公司发出授权委托书、投标函和投标报价书。2010 年 11 月 18 日，兴某公司（发包人）与“二建”（承包人）签订建设工程施工合同。后又签订补充协议两份。双方因工程款支付涉讼。

一审中，“二建”提供了两份证据拟证明招投标方双之间存在串标行为：一是加盖兴某公司公章，落款日期为 2010 年 11 月 16 日的承诺书复印件一份（无原件核对），内容为“二建：我公司拟建的某广场（一期）项目工程，前期招、投标工作由我公司委托贵公司全权负责。为达成双方的初衷及共识，特作出如下承诺：广场（一期）项目涉及招、投标的内容及金额仅用于完善招投标及备案手续，不作为预算、决算的依据”等。二是 2010 年 10 月 8 日双方签署的《市建筑节能工程开工前交底卡》复印件。

一审法院认为，二建提供的 2010 年 10 月 8 日《市建筑节能工程开工前交底卡》虽然没有原件，但交底人黄某在一份复印件上签署“该交

底卡属实”并签名和注明了联系电话。中标通知书发出之前由招标人出具的承诺书虽然只有复印件，不能单独作为证明案件事实的依据，但是该承诺书的内容实际与补充协议的约定价格条款一致，再结合《市建筑节能工程开工前交底卡》以及中标前（2010 年 11 月 16 日）的综合服务费、中标当日的招标服务费均由施工单位承担的事实，以及非国有投资项目多数发包人存在内定中标人的实际情况，一审法院对该承诺书的真实性予以确认，认定中标行为无效。

二审认为，二建拟证明案涉工程存在串通招投标的书证承诺书、《市建筑节能工程开工前交底卡》仅有复印件，证人证言也不能证实双方串通招投标，行政机关也未认定双方在招投标程序中有违法行为，建设工程施工合同、补充协议无违反法律、行政法规禁止性规定以及《合同法》第五十二条规定之合同无效情形，合法有效。

二、法律分析

（一）关键法条

《**刑法**》

第二百二十三条　投标人相互串通投标报价，损害招标人或者其他投标人利益，情节严重的，处三年以下有期徒刑或者拘役，并处或者单处罚金。

投标人与招标人串通投标，损害国家、集体、公民的合法利益的，依照前款的规定处罚。

《**招标投标法**》

第三十二条　投标人不得相互串通投标报价，不得排挤其他投标人的公平竞争，损害招标人或者其他投标人的合法权益。

投标人不得与招标人串通投标，损害国家利益、社会公共利益或者他人的合法权益。

禁止投标人以向招标人或者评标委员会成员行贿的手段谋取中标。

第五十条　招标代理机构违反本法规定，泄露应当保密的与招标投标活动有关的情况和资料的，或者与招标人、投标人串通损害国家利益、社会公共利益或者他人合法权益的，处五万元以上二十五万元以下的罚款；对单位直接负责的主管人员和其他直接责任人员处单位罚款数额百分之五以上百分之十以下的罚款；有违法所得的，并处没收违法所得；

情节严重的，禁止其一年至二年内代理依法必须进行招标的项目并予以公告，直至由工商行政管理机关吊销营业执照；构成犯罪的，依法追究刑事责任。给他人造成损失的，依法承担赔偿责任。

前款所列行为影响中标结果的，中标无效。

第五十三条　投标人相互串通投标或者与招标人串通投标的，投标人以向招标人或者评标委员会成员行贿的手段谋取中标的，中标无效，处中标项目金额千分之五以上千分之十以下的罚款，对单位直接负责的主管人员和其他直接责任人员处单位罚款数额百分之五以上百分之十以下的罚款；有违法所得的，并处没收违法所得；情节严重的，取消其一年至二年内参加依法必须进行招标的项目的投标资格并予以公告，直至由工商行政管理机关吊销营业执照；构成犯罪的，依法追究刑事责任。给他人造成损失的，依法承担赔偿责任。

《招标投标法实施条例》

第三十九条　禁止投标人相互串通投标。

有下列情形之一的，属于投标人相互串通投标：

（一）投标人之间协商投标报价等投标文件的实质性内容；

（二）投标人之间约定中标人；

（三）投标人之间约定部分投标人放弃投标或者中标；

（四）属于同一集团、协会、商会等组织成员的投标人按照该组织要求协同投标；

（五）投标人之间为谋取中标或者排斥特定投标人而采取的其他联合行动。

第四十条　有下列情形之一的，视为投标人相互串通投标：

（一）不同投标人的投标文件由同一单位或者个人编制；

（二）不同投标人委托同一单位或者个人办理投标事宜；

（三）不同投标人的投标文件载明的项目管理成员为同一人；

（四）不同投标人的投标文件异常一致或者投标报价呈规律性差异；

（五）不同投标人的投标文件相互混装；

（六）不同投标人的投标保证金从同一单位或者个人的账户转出。

第四十一条　禁止招标人与投标人串通投标。

有下列情形之一的，属于招标人与投标人串通投标：

（一）招标人在开标前开启投标文件并将有关信息泄露给其他投标人；

（二）招标人直接或者间接向投标人泄露标底、评标委员会成员等信息；

（三）招标人明示或者暗示投标人压低或者抬高投标报价；

（四）招标人授意投标人撤换、修改投标文件；

（五）招标人明示或者暗示投标人为特定投标人中标提供方便；

（六）招标人与投标人为谋求特定投标人中标而采取的其他串通行为。

第五十一条 有下列情形之一的，评标委员会应当否决其投标：

（一）投标文件未经投标单位盖章和单位负责人签字；

（二）投标联合体没有提交共同投标协议；

（三）投标人不符合国家或者招标文件规定的资格条件；

（四）同一投标人提交两个以上不同的投标文件或者投标报价，但招标文件要求提交备选投标的除外；

（五）投标报价低于成本或者高于招标文件设定的最高投标限价；

（六）投标文件没有对招标文件的实质性要求和条件作出响应；

（七）投标人有串通投标、弄虚作假、行贿等违法行为。

第六十七条 投标人相互串通投标或者与招标人串通投标的，投标人向招标人或者评标委员会成员行贿谋取中标的，中标无效；构成犯罪的，依法追究刑事责任；尚不构成犯罪的，依照招标投标法第五十三条的规定处罚。投标人未中标的，对单位的罚款金额按照招标项目合同金额依照招标投标法规定的比例计算。

投标人有下列行为之一的，属于招标投标法第五十三条规定的情节严重行为，由有关行政监督部门取消其1年至2年内参加依法必须进行招标的项目的投标资格：

（一）以行贿谋取中标；

（二）3年内2次以上串通投标；

（三）串通投标行为损害招标人、其他投标人或者国家、集体、公民的合法利益，造成直接经济损失30万元以上；

（四）其他串通投标情节严重的行为。

投标人自本条第二款规定的处罚执行期限届满之日起3年内又有该款所列违法行为之一的，或者串通投标、以行贿谋取中标情节特别严重的，由工商行政管理机关吊销营业执照。

法律、行政法规对串通投标报价行为的处罚另有规定的，从其规定。

（二）要点简析

1. 传统围标串标行为的认定

（1）招标人与投标人串通的行为。主要表现在公开招标情况下，在资格预审文件、招标文件、评标办法中设置有利于内定中标人的资格条件，限制、排斥其他投标人；向投标人泄露标底或共同商定标底等。招标代理机构受招标人的授意，在招标人与投标人之间，协助招标人串通投标人投标；一些不法招标代理机构为了非法经济利益，与投标人勾结，相互串通，出卖业主利益，从中谋取中标。

（2）投标人之间的串通投标。主要表现为：不同投标人的投标文件由同一单位或者个人编制；不同投标人委托同一单位或者个人办理投标事宜；不同投标人的投标文件载明的项目管理成员为同一人；不同投标人的投标文件异常一致或者投标报价呈规律性差异；不同投标人的投标文件相互混装；不同投标人的投标保证金从同一单位或者个人账户转出。

2. 电子招标时串标行为的认定

电子招标形势下串标的表现形式更为多样。供电企业对电子招标领域的串标行为认定，可参考《福建省住房和城乡建设厅关于施工招标项目电子投标文件雷同认定与处理的指导意见》（闽建筑〔2018〕29号）。"不同投标人的电子投标文件存在下列情形之一，视为电子投标文件雷同"：

（1）不同投标人的电子投标文件上传计算机的网卡 MAC 地址、CPU 序列号和硬盘序列号等硬件信息均相同的（开标现场上传电子投标文件的除外），应认定为《招标投标法实施条例》第四十条第（二）项"不同投标人委托同一单位或者个人办理投标事宜"的情形。

（2）不同投标人的已标价工程量清单 XML 电子文档记录的计价软件加密锁序列号信息有一条及以上相同，或者记录的硬件信息中存在一条及以上的计算机网卡 MAC 地址（如有）、CPU 序列号和硬盘序列号均相同的（招标控制价的 XML 格式文件或计价软件版成果文件发布之前的软硬件信息相同的除外），或者不同投标人的电子投标文件（已标价工程量清单 XML 电子文档除外）编制时的计算机硬件信息中存在一条及以上的计算机网卡 MAC 地址（如有）、CPU 序列号和硬盘序列号均相同的，应认定为《招标投标法实施条例》第四十条第（一）项“不同投标人的投标文件由同一单位或者个人编制”的情形。

（3）不同投标人的技术文件经电子招标投标交易平台查重分析，内容异常一致或者实质性相同的，应认定为《招标投标法实施条例》第四十条第（四）项“不同投标人的投标文件异常一致”的情形。

不同投标人的电子投标文件存在雷同的，评标委员会应当按照招标文件规定的评标办法和标准否决其投标，招标人应当按照招标文件的规定没收其投标保证金。

3. 串标的法律责任

（1）民事责任。串标将导致中标无效。根据《招标投标法实施条例》第六十七条，投标人相互串通投标或者与招标人串通投标的，中标无效。

（2）行政责任。串通投标行为损害招标人、其他投标人或者国家、集体、公民的合法利益，造成直接经济损失30万元以上的，属于《招标投标法》第五十三条规定的情节严重行为，由有关行政监督部门取消其1年至2年内参加依法必须进行招标的项目的投标资格。投标人自本条第二款规定的处罚执行期限届满之日起3年内又有该款所列违法行为之一的，或者串通投标、以行贿谋取中标情节特别严重的，由工商行政管理机关吊销营业执照。

（3）刑事责任。根据《刑法》第二百二十三条，投标人相互串通投标报价，损害招标人或者其他投标人利益，情节严重的，或者投标人与招标人串通投标，损害国家、集体、公民的合法利益的，处三年以下有期徒刑或者拘役，并处或者单处罚金。

三、防控重点

1. 加强标前控制，减少勾联机会

一是要广泛发布信息。为保证潜在投标人公平、及时、便捷地获取招标信息，依法必须公开招标的项目，招标人必须严格按照招投标相关法律法规的规定，在国家及各省指定的媒体上发布招标信息。二是实行网上招标。采用网络方式发售资格预审文件和招标文件等资料，全面实行招标公告、招标文件、电子图纸、工程量清单、补遗答疑等全部资料网上下载，招标文件中对工程作详细介绍，不组织集中现场踏勘，取消集中答疑，在开标前使各方无法知晓投标人相互之间的情况，有效割断投标人之间的联系。三是要加强招投标数据统计分析。探寻各中标单位、未中标单位的交易数据规律，找出“中标专业户”与“陪标专业户”的背后交易隐情，用历史统计数据发现投标挂靠、串标行为的端倪。

2. 增强标中审查，压缩串标空间

一是要严把标书审查关。制定招标文件范本，对“通用条款”进行固化，对“专用条款”着重提示，防止出现人为抬高或降低资质、为特定投标人量身定制的条款。二是建立招标控制价审核制度，招标文件发布前，重大项目应当采用造价校标形式对招标控制价进行审核确定，一般项目应当组建由工程造价专家参与的审核小组对招标控制价进行审核确定，防止造价虚高，给串标留下操作空间。三是增强定标办法的科学性，加大串标难度系数，提高挂靠、串标的费用与成本。

3. 强化标后监管，杜绝串标行为

一是试行人脸识别视频监控制度。选取重大项目施工现场安装视频监控，对项目部人员实行人脸识别考勤，严格执行项目主要负责人锁定管理。二是加大违法惩处力度。要保持高压态势打击串标行为，形成不敢串标的惩戒机制。疏通社会公众参与监督的渠道，有举报、有线索、有投诉的必查必究。完善情况通报、案件线索移送、案件协查、信息共享机制，形成查办串标案件的合力。对于投标人、招标代理机构、评委会成员等非公职人员，发现有串标行为的，坚决按照规定纳入黑名单，并提交行政监督部门处理。涉嫌犯罪的，坚决将其移送司法机关。

第五节　只有符合法定情形投标保证金方可不退还

一、案例

案例 1：弄虚作假被取消中标资格，投标保证金不予退还

案号：（2019）粤 01 民终 3881 号

2017 年 8 月 11 日，环某公司就某热力电厂炉渣资源化利用项目公开招标。2017 年 9 月 13 日，环某公司发布中标候选人公示，第一中标

人为恒某公司，投标报价 40.02 元/吨。公示期间，其他四名投标人向环某公司提交质疑函件。2017 年 10 月 13 日，评委会就异议内容进行复查并作出评标复查报告，载明恒某公司成立日期不足三年；公司法定代表人、控股股东为第二中标候选人绿某公司的共同投资人，两个单位不能同时参与本项目的投标；近 3 年内存在违法记录等情况，认为第一、第二候选人不符合投标人的资格条件。评委会建议招标人依法重新招标。2017 年 10 月 17 日，环某公司重新招标，确定同某公司为涉案项目的中标人，中标单价为 56 元/吨。恒某公司到有关部门信访。2018 年 2 月 9 日，环某公司向恒某公司发出律师函，要求恒某公司立即停止对环某公司及涉案项目重新招标程序的干扰，承担环某公司重新招标产生的招标费用、重新招标期间炉渣无法及时得到处理造成的经营损失等，并不予退还恒某公司投标保证金。恒某公司于 2018 年 3 月 24 日签收该邮件。2018 年 5 月 23 日，环某公司提起本案诉讼。

一审法院认为，环某公司组织评标委员会重新审查恒某公司的投标资格后，及时公示招标失败并重新二次中标，其行为并无不当。恒某公司中标无效系因违反诚实信用原则，提交虚假材料骗取中标，恒某公司应对该涉案项目的中标无效承担缔约过失责任。故环某公司可不予退还投标保证金。二审维持原判。

案例 2：投标人提供了银行履约担保后，招标人应退还投标保证金

案号：（2018）粤 12 民终 2606 号

2014 年 8 月，某公司发出招标文件，就 110 千伏某输变电工程承包公开招标，兆某公司投标并交付了 10 万元投标保证金，后兆某公司中标，于 2014 年 10 月 10 日与该公司签署了建设工程施工合同。合同签订后，兆某公司按照相关约定进行了施工建设。但某公司未退还投标保证金。2015 年 8 月 1 日，工程经验收后送电。后因双方对工程修复项目及金额存在争议，工程一直未能结算。

一审法院认为，兆某公司按要求交付了投标保证金 10 万元，中标后双方签订了建设工程施工合同，且兆某公司亦按要求提供了银行的履约担保，某公司应如约向兆某公司退还投标保证金。双方虽然于 2014 年 10 月 10 日签订建设工程施工合同，但兆某公司在 2014 年 10 月 29 日才提供了银行的履约担保函，故投标保证金应于 2014 年 10 月 30 日退回给

兆某公司，某公司逾期退款，应支付利息。判决某公司退回投标保证金10万元及利息。二审维持原判。

案例3：业主方扣除投标保证金产生的纠纷不能向招标代理机构追偿

案号：（2019）京03民终6730号

2017年10月23日，招标人及其代理机构某航技国际经贸发展有限公司、某航建国际招标有限责任公司、某城市建设投资有限公司发澄清函给原告某公司，要求原告对投标相关内容进行澄清。原告于2017年10月26日按要求通过邮件发送了澄清函回复。2018年2月26日，原告从银行得知，某航技国际经贸发展有限公司、某航建国际招标有限责任公司、某城市建设投资有限公司以原告撤回投标文件为由要求扣除投标保证金。

2018年2月28日，原告致函某航技国际经贸发展有限公司、某航建国际招标有限责任公司、某城市建设投资有限公司，强调原告作出的澄清函回复是指"放弃进行投标澄清工作的意思"，不属于招标文件规定的"撤回投标文件"，要求返还191万元投标保证金无果，以某航技国际经贸发展有限公司、某航建国际招标有限责任公司、某城市建设投资有限公司为被告，向一审法院提起诉讼。

一审法院认为：被告某城市建设投资有限公司系招投标的业主方，某航技国际经贸发展有限公司、某航建国际招标有限责任公司为涉案招投标事务的代理机构。原告因业主方扣除其投标保证金产生的纠纷，应以业主方某城市建设投资有限公司作为被诉对象；某航技国际经贸发展有限公司、某航建国际招标有限责任公司作为招标代理机构，仅负责招标事务的办理，并未与原告存在任何实际的权利义务关系，不是本案的适格被告，故不能依据某航技国际经贸发展有限公司、某航建国际招标有限责任公司的住所地确定管辖。原告可依据业主方某城市建设投资有限公司的住所地或者招投标文件中约定的管辖条款向有管辖权的法院提起诉讼。裁定对原告的起诉不予受理。二审准许撤回上诉。

案例4：招标代理机构占用投标保证金应由代理机构退还

案号：（2019）云23民终87号

某市国土局于2017年6月16日与大某招标公司签订某省省级政府采购项目委托代理协议。2017年6月21日，双方共同对外发布了某市不动产登记城市规划区内建设用地及房屋存量数据整合项目的招标文件。2017 年 7 月 7 日，某省有色地质局三〇八队向大某招标公司分两次转入投标保证金合计 20 万元。根据 2017 年 7 月 12 日发布的中标公示，某省有色地质局三〇八队未中标。经催要，2017 年 9 月 22 日，大某招标公司退还一个标段的投标保证金 10 万元，剩余一个标段的投标保证金 10 万元至今未退还。另查明，大某招标公司向原告收取投标保证金后未转交给市国土局，市国土局亦未向大某招标公司支付招标代理服务费。

一审法院认为，某省有色地质局三〇八队向大某招标公司交纳投标保证金时明知大某招标公司是受市国土局委托向其收取投标保证金，故其要求大某招标公司对涉案未退还的投标保证金及相应的资金占用费与某市国土局承担连带责任的诉讼请求，无法律依据，大某招标公司在本案中不承担责任。至于某市国土资源局与大某公司间的纠纷，市国土局可另案起诉。判决由被告市国土资源局退还原告投标保证金 10 万元，并支付资金占用费 5077 元。

二审法院认为，市国土局与大某公司在协议中约定大某公司收取投标人的投标保证金，在双方共同发布的招标文件中也明确投标人需交纳的投标保证金汇入大某招标公司账户。大某公司作为招投标代理机构，向投标人收取投标保证金系法律赋予其的权利同时也是合同约定的权利，在投标人未中标时，退还投标人交纳的投标保证金亦系其法定义务，由实际收取投标保证金的代理机构退还保证金与《合同法》第四百零二条的规定并不矛盾。二审改判由大某招标股份有限责任公司退还原告投标保证金 10 万元并支付资金占用费 5077 元。

案例 5：投标人中标后以百姓阻工为由拒不签订合同，投标保证金不予退还

案号：（2019）皖 03 行终 47 号

2017 年 12 月 12 日，某远物流有限公司某物流园区项目在某市公共资源交易中心开标，中标单位为原告某钢公司。2018 年 1 月 19 日，招标人某远物流有限公司向某钢公司发出中标通知书，2018 年 1 月 30 日，由招标代理人以邮寄方式送达某钢公司。

2018 年 5 月 2 日，某远物流有限公司向被告某市公共资源交易监督

管理局递交《关于中标人拒不履约情况的报告》，称招标人多次向中标人提出签约要求，但中标人至今仍未按招标文件要求与其签订建设合同，也未按招标文件规定支付履约保证金，请求对中标人进行相应的处罚，没收其投标保证金补偿给招标人。2018 年 5 月 4 日，被告经调查，决定对某钢公司处中标项目金额千分之五的罚款，并取消中标资格，投标保证金不予退还。原告不服，遂向法院提起诉讼。

一审法院认为，原告提出因百姓阻止不让其进现场施工而未与招标人签订合同，但其未提交相应的证据予以证明。被告对原告作出的行政处罚决定书，证据确凿，适用法律正确，程序合法。判决驳回原告的诉讼请求。二审维持原判。

案例 6：双方均有过错则投标保证金不退还，招标人主张差价赔偿不支持

案号：（2019）桂 10 民终 522 号

原告新某公司通过公开招标方式进行设备采购，要求竞标者缴纳 7 万元投标保证金。被告鹏某公司于 2017 年 8 月 7 日向新某公司交纳了保证金并最终确定为第一中标人。新某公司于 2017 年 8 月 15 日向被告发出中标通知书。在被告中标后与原告协商议定合同具体条款的过程中，因招标文件中未明确压型板彩钢的具体型号及计算方法，原被告双方因彩钢压型板的计算方法等问题上多次协商无法达成一致意见，最终未能订立合同。2017 年 9 月 25 日原告函告新某公司取消被告鹏某公司中标资格并变更中标人为第二中标人。新某公司于 2017 年 9 月 26 日分别向第二中标人发出中标通知书，向被告鹏某公司发出取消中标资格的告知函。原告诉至法院请求由被告赔偿因顺延与第二中标人签订合同产生价差 405279.97 元。被告反诉由原告退还投标保证金 7 万元。

一审法院认为，原告的招投标文件应事先明确具体产品规格、型号、数量、单板面积、图纸面积，但原告没能事先将购买标的物的相关细节、条款予以确定并明确告知，致使被告存入投标保证金参与投标并中标后才知晓原告购买产品的具体要求并加以协商，导致具体合同条款因双方协商不一致而签约不成，原告对此应承担过错责任；买卖合同未能签订，被告并没有过错责任。因此原告收取的投标保证金 7 万元应如数退还被告。

二审法院认为，招投标文件已经明确约定了标的及数量，双方未另行签订书面合同是因彩钢压型板的计算方法等非合同主要条款的问题无法补充协商所致，故双方当事人均存在相应的过错，应各自承担责任。改判原告不予退还被告保证金 7 万元；驳回双方其他诉讼请求。

二、法律分析

（一）关键法条

《招标投标法实施条例》

第二十六条 招标人在招标文件中要求投标人提交投标保证金的，投标保证金不得超过招标项目估算价的 2%。投标保证金有效期应当与投标有效期一致。

依法必须进行招标的项目的境内投标单位，以现金或者支票形式提交的投标保证金应当从其基本账户转出。

招标人不得挪用投标保证金。

第三十条 对技术复杂或者无法精确拟定技术规格的项目，招标人可以分两阶段进行招标。

第一阶段，投标人按照招标公告或者投标邀请书的要求提交不带报价的技术建议，招标人根据投标人提交的技术建议确定技术标准和要求，编制招标文件。

第二阶段，招标人向在第一阶段提交技术建议的投标人提供招标文件，投标人按照招标文件的要求提交包括最终技术方案和投标报价的投标文件。

招标人要求投标人提交投标保证金的，应当在第二阶段提出。

第三十一条 招标人终止招标的，应当及时发布公告，或者以书面形式通知被邀请的或者已经获取资格预审文件、招标文件的潜在投标人。已经发售资格预审文件、招标文件或者已经收取投标保证金的，招标人应当及时退还所收取的资格预审文件、招标文件的费用，以及所收取的投标保证金及银行同期存款利息。

第三十五条 投标人撤回已提交的投标文件，应当在投标截止时间前书面通知招标人。招标人已收取投标保证金的，应当自收到投标人书面撤回通知之日起 5 日内退还。

投标截止后投标人撤销投标文件的，招标人可以不退还投标保证金。

第五十七条 招标人和中标人应当依照招标投标法和本条例的规定签订书面合同，合同的标的、价款、质量、履行期限等主要条款应当与招标文件和中标人的投标文件的内容一致。招标人和中标人不得再行订立背离合同实质性内容的其他协议。

招标人最迟应当在书面合同签订后5日内向中标人和未中标的投标人退还投标保证金及银行同期存款利息。

第六十六条 招标人超过本条例规定的比例收取投标保证金、履约保证金或者不按照规定退还投标保证金及银行同期存款利息的，由有关行政监督部门责令改正，可以处5万元以下的罚款；给他人造成损失的，依法承担赔偿责任。

第七十四条 中标人无正当理由不与招标人订立合同，在签订合同时向招标人提出附加条件，或者不按照招标文件要求提交履约保证金的，取消其中标资格，投标保证金不予退还。对依法必须进行招标的项目的中标人，由有关行政监督部门责令改正，可以处中标项目金额10‰以下的罚款。

《评标委员会和评标方法暂行规定》

第四十条 评标和定标应当在投标有效期结束日30个工作日前完成。不能在投标有效期结束日30个工作日前完成评标和定标的，招标人应当通知所有投标人延长投标有效期。拒绝延长投标有效期的投标人有权收回投标保证金。同意延长投标有效期的投标人应当相应延长其投标担保的有效期，但不得修改投标文件的实质性内容。因延长投标有效期造成投标人损失的，招标人应当给予补偿，但因不可抗力需延长投标有效期的除外。

第五十七条 中标人不与招标人订立合同的，投标保证金不予退还并取消其中标资格，给招标人造成的损失超过投标保证金数额的，应当对超过部分予以赔偿；没有提交投标保证金的，应当对招标人的损失承担赔偿责任。

招标人迟迟不确定中标人或者无正当理由不与中标人签订合同的，给予警告，根据情节可处一万元以下的罚款；造成中标人损失的，并应当赔偿损失。

（二）要点简析

投标保证金是在招标投标活动中，投标人随投标文件一同递交给招标人的一定形式、一定金额的投标责任担保，其实质是为了避免因投标人在投标有效期内随意撤回、撤销投标或中标后不能提交履约保证金和签署合同等行为而给招标人造成损失。

1. 可以不予退还投标保证金的情形

根据《招标投标法实施条例》第三十五条、第七十四条，投标保证金不予退还的情形包括：投标截止后投标人撤销投标文件的，招标人可以不退还投标保证金；中标人无正当理由不与招标人订立合同、签订合同时提出附加条件或不按要求提交履约保证金的，取消中标资格，投标保证金不予退还。

此外，根据《招标投标法》第五十四条，投标人以他人名义投标或者以其他方式弄虚作假，骗取中标的，中标无效，给招标人造成损失的，依法承担赔偿责任，但是否退还投标保证金未作明确规定。实践中，一旦投标人骗取中标而导致中标无效，投标保证金一般不予退还。如本节案例 1。

2. 应当退还投标保证金的情形

招标人应当退回投标保证金的情形有主要有：

一是招标人终止招标的，应当及时退还所收取投标保证金及银行同期存款利息。

二是根据《评标委员会和评标方法暂行规定》第四十条，如果招标人不能在投标有效期内完成评标和定标的，应当通知所有投标人延长投标有效期。拒绝延长投标有效期的投标人有权收回投标保证金。

三是投标人在投标截止时间前书面通知招标人撤回已提交的投标文件，招标人应当自收到投标人书面撤回通知之日起 5 日内退还已收取的投标保证金。

四是中标人确定后，招标人最迟应当在书面合同签订后 5 日内向中标人和未中标的投标人退还投标保证金及银行同期存款利息。

3. 双方均有过错时，责任应分担

招标人不予退还投标保证金的情形包括：中标人无正当理由不与招标人订立合同、签订合同时提出附加条件等。一旦中标后合同未如期如约签订，不管责任是否完全在投标人，招标方都可能引用这个条款不予退还投标保证金。合同未达成的责任是否完全归于投标方，应视具体情况而定。如本节案例 6，一审法院把合同未签订的责任归于招标方。而二审法院认为，中标通知书到达被上诉人时，双方当事人之间的招投标买卖合同已经成立，合同只要对当事人、标的及数量进行了约定的，一般应认定合同成立。对于合同标的物的型号、价格、交付等内容，双方当事人完全可以依据《合同法》规定，以合同漏洞填补规则进行补充协商约定。因此分担双方的责任，投标方主张的投标保证金不予退还，招标方主张的差价也不予支持。

三、防控重点

1. 合理设定投标保证金限额

关于投标保证金的限额，2019 年 3 月 2 日最新修正的《招标投标法实施条例》第二十六条规定，投标保证金不得超过招标项目估算价的 2%。而国家发改委 2013 年联合九部委发布的《关于废止和修改部分招标投标规章和规范性文件的决定》（2013 年第 23 号令）第一百四十二条将投标保证金规定为不得超过项目估算价的百分之二，但最高不得超过八十万元人民币。实际操作时，招标人一般以最新修正的《招标投标法实施条例》为准，取消八十万元的限制，只遵守不超过 2%的规定。笔者暂未查询到投标保证金超过八十万元被认定无效的案例。

2. 招标文件应明确是否需要提交投标保证金

投标保证金不是投标文件必需的组成文件。招标人要求提交投标保证金的，应在招标文件中明确提出。投标人是否需要提交投标保证金以及投标保证金的形式、数额、期限等，由招标人自行决定并在招标文件中作具体规定。招标文件要求提交投标保证金的，投标保证金除现金外，可以是银行出具的银行保函、保兑支票、银行汇票或现金支票。以现金或支票形式提交的投标保证金应当从其基本账户转出。投标保证金不足、无效、迟交、有效期不足或形式不符合招标文件的要求等情形，均构成实质性不响应，招标人可予以拒绝。

3. 投标保证金符合法定情形应及时退还

招标人中止招标、不能按规定完成评标定标或投标人在有效期内撤回、中标人确定、合同已签订等情况下，招标人应在法定的期限内及时退还投标保证金及银行同期存款利息。违法占用投标保证金应承担相应的利息赔偿责任。如本节案例 2、案例 4。

第六节　联合体投标各方应对招标人承担连带责任

一、案例

案例 1：联合体成员单独对外签订的合同，应自行承担责任

案号：（2014）镇商终字第 00366 号

2012 年 3 月，某县人民医院新建综合大楼 10 千伏配电工程设备及安装项目进行公开招标，昌某公司作为主体方，西某置业有限公司作为参加方组成的联合体中标。为完成中标工程，2012 年 10 月 18 日，中某公司与昌某公司签订购销合同一份，约定由昌某公司向中某公司定做 SCB10-500 千伏安干式变压器一台、SCB10-1000 千伏安干式变压器两台。2012 年 11 月 22 日，中某公司按约将上述三台干式变压器运送至某县人民医院，并由昌某公司签约经办人肖某签收。2012 年 12 月 9 日，昌某公司给付中某公司预付款 10 万元。此后，中某公司催要余款未果。2013 年 10 月 30 日，中某公司向法院提起诉讼。

一审法院认为，中某公司、昌某公司之间的定做合同合法有效。昌某公司向中某公司定做干式变压器用于其中标工程，未能及时结清价款，其拖欠的行为已构成违约，依法应承担违约责任。判决昌某公司给付中某公司余款并支付逾期利息。二审维持原判。

案例 2：联合体投标未中标原因复杂，不能归责于一方

案号：（2015）鄂洪山民商初字第 01262 号

原告博某科技有限公司与被告银某开关设备有限公司于 2015 年 1 月 18 日签订合作协议，就被告在某集团变电项目 2015 年第一批货物集中招标——10 千伏开关柜招投标事宜达成联合投标协议，双方约定，原告负责本项目的公关、商务等整个流程，被告提供底价，原告根据市场自行定价。为保证招投标成功，约束双方各司其职，投标前，原告向被告支付 10 万元保证金，如由于原告的原因造成未中标，保证金归被告所

有，如因被告原因，则被告将保证金退还给原告。合同签订后，原告向被告支付了 10 万元保证金。后被告未能中标某集团采购项目，原告多次向被告要求返还所支付的 10 万元，但被告一直拒付。

法院认为：被告为投标某集团采购项目，委托原告负责项目的公关、商务等整个流程，双方构成委托合同关系，原、被告为此签订的合作协议书是双方当事人真实意思的表示，合同没有违反国家法律禁止性规定，双方当事人均应严格遵守并切实履行。因招投标是一项复杂的系统性工作，不仅涉及产品价格，还与投标企业的服务、规模等相关联，被告未能中标，原因是多方面的，且被告在诉讼过程中也未提交相应的证据证明原告在招标过程中有过失或失误。判决被告返还原告保证金 10 万元整。

案例 3：联合体各方仅就中标事项向招标人承担连带责任

案号：（2017）粤 06 民终 6830 号

2014 年 3 月，燃气公司就某区天然气利用工程二期工程、零星工程勘察设计公开招标。某设计研究院总院与地质公司组成的联合体中标。联合体承诺向招标人承担连带责任。2014 年 5 月 4 日，燃气公司作为发包人，与作为设计人的市政设计总院、作为勘察人的地质公司签订建设工程设计合同。因管线设计变更，需对涉案管线进行地质勘察钻探，但地质公司未另行提供更改后的施工方案，且未获得入园施工批准，就将钻探工程交给杨某施工，并指派其员工李某负责现场监督、指挥。施工中，杨某钻断了埋藏在地下的电缆，导致佳某公司下属污水处理公司、热电分厂及织染厂停电、停产，相关设备遭到损坏。评估直接损失 2 071 067.58 元，间接损失 331 389.13 元。佳某公司诉请燃气公司、地质公司、杨某、市政设计总院承担连带责任。

一审法院认为，某设计研究院总院作为联合体成员，虽然承诺向招标人承担连带责任，但某设计研究院总院与地质公司所约定承担的连带责任，是指其与地质公司作为共同中标人，协商约定对各自在履行建设工程合同过程中造成招标人（燃气公司）的损失而共同承担的合同责任，所指向的对象是燃气公司。本案属于侵权责任纠纷，没有证据显示某设计研究院总院与地质公司约定任何一方须对对方造成佳某公司的损失承担连带责任。因此某设计研究院总院未与勘察行为构成共同侵权行为，不应承担赔偿责任。二审维持该项认定。

案例 4：联合体各方应就提供虚假资料致中标合同无效承担连带责任

案号：（2017）浙民终 449 号

2013 年 8 月，瓯某公司、港某公司就瓯某新区医院建设工程等 5 个房建、市政工程 BT 转 BOT 工程建设项目通过招标代理进行公开招标。鼎某公司、中某公司、某州七建组成联合体中标，并于同年 9 月 24 日签订合同协议书。后联合体未按合同约定施工。2014 年 6 月 11 日，瓯某公司、港某公司向法院起诉要求判令解除合同协议书。在审理过程中法院依职权查明某支行并未向鼎某公司出具过《资金存款证明》及《银行信贷证明书》，且鼎某公司 2013 年 8 月 12 日在该行的账户余额为零。因此，该院认为，鼎某公司在投标过程中提供虚假资料而使中标无效，导致诉争合同违反了法律法规的强制性规定而无效。

瓯某公司、港某公司以鼎某公司在投标时提供虚假材料为由，依据上述规定主张三被告支付违约金。一审法院认为，合同协议书的组成部分已被确认无效。无效的合同自始没有法律约束力。故瓯某公司、港某公司诉请三被告赔偿违约金，于法无据。但合同无效的，有过错的一方应当赔偿对方因此所受到的损失。虽然投标时的虚假材料系鼎某公司提供，但鼎某公司、某州七建、中某公司三被告系组成一个联合体以一个投标人的身份参与投标，并共同作为投资建设人一方与瓯某公司、港某公司订立案涉合同，故鼎某公司的行为应视为联合体的行为，三被告应当共同对投标行为负责。综上，判决鼎某公司、某州七建、中某公司共同赔偿瓯某公司、港某公司二次招标服务代理费及监理费合计 688 763 元。二审维持原判。

二、法律分析

（一）关键法条

《招标投标法》

第三十一条　两个以上法人或者其他组织可以组成一个联合体，以一个投标人的身份共同投标。

联合体各方均应当具备承担招标项目的相应能力；国家有关规定或者招标文件对投标人资格条件有规定的，联合体各方均应当具备规定的相应资格条件。由同一专业的单位组成的联合体，按照资质等级较低的单位确定资质等级。

联合体各方应当签订共同投标协议，明确约定各方拟承担的工作和责任，并将共同投标协议连同投标文件一并提交招标人。联合体中标的，联合体各方应当共同与招标人签订合同，就中标项目向招标人承担连带责任。

招标人不得强制投标人组成联合体共同投标，不得限制投标人之间的竞争。

第五十一条 招标人以不合理的条件限制或者排斥潜在投标人的，对潜在投标人实行歧视待遇的，强制要求投标人组成联合体共同投标的，或者限制投标人之间竞争的，责令改正，可以处一万元以上五万元以下的罚款。

《招标投标法实施条例》

第三十七条 招标人应当在资格预审公告、招标公告或者投标邀请书中载明是否接受联合体投标。

招标人接受联合体投标并进行资格预审的，联合体应当在提交资格预审申请文件前组成。资格预审后联合体增减、更换成员的，其投标无效。

联合体各方在同一招标项目中以自己名义单独投标或者参加其他联合体投标的，相关投标均无效。

第五十一条 有下列情形之一的，评标委员会应当否决其投标：

（一）投标文件未经投标单位盖章和单位负责人签字；

（二）投标联合体没有提交共同投标协议；

（三）投标人不符合国家或者招标文件规定的资格条件；

（四）同一投标人提交两个以上不同的投标文件或者投标报价，但招标文件要求提交备选投标的除外；

（五）投标报价低于成本或者高于招标文件设定的最高投标限价；

（六）投标文件没有对招标文件的实质性要求和条件作出响应；

（七）投标人有串通投标、弄虚作假、行贿等违法行为。

《工程建设项目施工招标投标办法》

第四十四条 联合体各方应当指定牵头人，授权其代表所有联合体成员负责投标和合同实施阶段的主办、协调工作，并应当向招标人提交由所有联合体成员法定代表人签署的授权书。

第四十五条 联合体投标的，应当以联合体各方或者联合体中牵头人的名义提交投标保证金。以联合体中牵头人名义提交的投标保证金，对联合体各成员具有约束力。

《工程建设项目勘察设计招标投标办法》

第二十七条 以联合体形式投标的，联合体各方应签订共同投标协议，连同投标文件一并提交招标人。

联合体各方不得再单独以自己名义，或者参加另外的联合体投同一个标。招标人接受联合体投标并进行资格预审的，联合体应当在提交资格预审申请文件前组成。资格预审后联合体增减、更换成员的，其投标无效。

第二十八条 联合体中标的，应指定牵头人或代表，授权其代表所有联合体成员与招标人签订合同，负责整个合同实施阶段的协调工作。但是，需要向招标人提交由所有联合体成员法定代表人签署的授权委托书。

（二）要点简析

1. 联合体各方对招标人承担连带责任

联合体中标的，联合体各方应当共同与招标人签订合同，就中标项目向招标人承担连带责任。如本节案例 4，虽然投标时的虚假材料系联合体其中的一个成员提供，但三被告系组成一个联合体参与投标，应当共同对投标行为向招标人承担连带责任。该连带责任仅指联合体成员向招标人承担的责任，不应包括联合体成员在项目实施过程中以自己名义对外签订合同而应承担的责任，如本节案例 1；也不包括联合体成员在项目实施过程中对第三人造成侵权而应承担的责任，如本节案例 3。

2. 联合体各方应签订协议并向招标人提供

联合体各方应当签订共同投标协议，明确约定各方拟承担的工作和责任，并将共同投标协议连同投标文件一并提交给招标人。投标联合体没有提交共同投标协议，评标委员会应当否决其投标。《工程建设项目施工招标投标办法》和《工程建设项目勘察设计招标投标办法》还规定，联合体各方应当指定牵头人，授权其代表所有联合体成员负责投标和合同实施阶段的主办、协调工作，并应当向招标人提交由所有联合体成员法定代表人签署的授权书。

3. 联合体的资质就低不就高

联合体各方均应当具备承担招标项目的相应能力。国家有关规定或者招标文件对投标人资格条件有规定的，联合体各方均应当具备规定的相应资格条件。由同一专业的单位组成的联合体，按照资质等级较低的单位确定资质等级。联合体的资质等级采取就低不就高的原则，可以防止投标联合体以优等资质获取招标项目，而由资质等级低的承包商或供货商实施项目的现象。

三、防控重点

大型复杂工程建设项目或大宗物资采购招标，对投标人的资质、资金、技术水平的要求越来越高。数家企业组成联合体，以联合体的名义参与投标，不仅可以有效提高企业竞争力，分散、降低企业经营风险，还能提高中标人的履约能力，防止中标人因履约能力不足而转包、违法分包中标项目，对招标人来说也是有益的。电网项目招标在接受联合体投标时应注意行为的合法性。

1. 招标人不得强制投标人组成联合体

组成联合体是联合体各方的自愿行为。招标人不得强制投标人组成联合体共同投标，不得限制投标人之间的竞争。招标人强制要求投标人组成联合体共同投标的，由监督部门责令改正，并可以处一万元以上五万元以下的罚款。因此，招标人应当在资格预审公告、招标公告或者投标邀请书中载明是否接受联合体投标。

2. 联合体增减、更换成员应符合法律规定

联合体属于临时性的松散组织，在投标过程中，及中标后都可能发生联合体成员变更的情形。招标人接受联合体投标并进行资格预审的，联合体应当在提交资格预审申请文件前组成。资格预审后联合体增减、更换成员的，其投标无效。此外，联合体各方不得再单独以自己名义，或者参加另外的联合体投同一个标，否则相关投标均无效。

第三章 评 标

第一节 评标专家收受财物涉非国家工作人员受贿罪

一、案例

案例 1：评标专家收受投标人财物构成非国家工作人员受贿罪

案号：（2015）金刑初字第 00203 号

被告人乐某系某市供电公司运维检修部专责，某集团公司评标专家。2012 年 1 月至 2014 年 2 月，乐某在担任某集团公司评标委员会技术组组长、成员，参与某集团公司集中规模招标工作中，先后在酒店及其居住小区等地，十次收受投标企业某公司总经理邓某人民币共计 52 万元；二次收受投标企业某电气集团有限公司副总经理冯某某、办事处主任王某人民币共计 8 万元。一审判决被告人乐某犯非国家工作人员受贿罪，判处有期徒刑二年六个月。

案例 2：评标专家担任质检组长收受财物，构成非国家工作人员受贿罪

案号：（2016）陕 0323 刑初 45 号

被告人李某原系某电力科学研究院高电压研究所开关技术研究室副主任，2011 年入选为某集团公司综合评标专家库成员。李某在担任某集团公司评标委员会专家组成员期间，收受他人贿赂人民币 22.5 万元；在担任某集团公司产品质量抽检组组长期间，收受他人贿赂人民币 5 万元。

法院认为，被告人李某在担任某集团公司开关类电器设备评标专家时，在招标活动中，根据《评标专家和评标专家库管理暂行办法》的规定行使权利，履行义务，其并非国有单位的代表，其利用职务便利，为他人谋取利益，应当以非国家工作人员受贿罪追究其刑事责任。又利用其担任某集团公司产品质量抽检组组长的职务便利，为他人谋取利益，应当以受贿罪追究其刑事责任。判决被告人李某犯非国家工作人员受贿罪，判处有期徒刑一年四个月；犯受贿罪，判处有期徒刑九个月，并处罚金人民币 10 万元。数罪并罚，决定执行有期徒刑一年七个月。

二、法律分析

（一）关键法条

《招标投标法》

第三十七条 评标由招标人依法组建的评标委员会负责。

依法必须进行招标的项目，其评标委员会由招标人的代表和有关技术、经济等方面的专家组成，成员人数为五人以上单数，其中技术、经济等方面的专家不得少于成员总数的三分之二。

前款专家应当从事相关领域工作满八年并具有高级职称或者具有同等专业水平，由招标人从国务院有关部门或者省、自治区、直辖市人民政府有关部门提供的专家名册或者招标代理机构的专家库内的相关专业的专家名单中确定；一般招标项目可以采取随机抽取方式，特殊招标项目可以由招标人直接确定。

与投标人有利害关系的人不得进入相关项目的评标委员会；已经进入的应当更换。

评标委员会成员的名单在中标结果确定前应当保密。

第四十四条 评标委员会成员应当客观、公正地履行职务，遵守职业道德，对所提出的评审意见承担个人责任。

评标委员会成员不得私下接触投标人，不得收受投标人的财物或者其他好处。

评标委员会成员和参与评标的有关工作人员不得透露对投标文件的评审和比较、中标候选人的推荐情况以及与评标有关的其他情况。

第五十六条 评标委员会成员收受投标人的财物或者其他好处的，评标委员会成员或者参加评标的有关工作人员向他人透露对投标文件的评审和比较、中标候选人的推荐以及与评标有关的其他情况的，给予警告，没收收受的财物，可以并处三千元以上五万元以下的罚款，对有所列违法行为的评标委员会成员取消担任评标委员会成员的资格，不得再参加任何依法必须进行招标的项目的评标；构成犯罪的，依法追究刑事责任。

《招标投标法实施条例》

第四十九条 评标委员会成员应当依照招标投标法和本条例的规

定，按照招标文件规定的评标标准和方法，客观、公正地对投标文件提出评审意见。招标文件没有规定的评标标准和方法不得作为评标的依据。

评标委员会成员不得私下接触投标人，不得收受投标人给予的财物或者其他好处，不得向招标人征询确定中标人的意向，不得接受任何单位或者个人明示或者暗示提出的倾向或者排斥特定投标人的要求，不得有其他不客观、不公正履行职务的行为。

第七十一条 评标委员会成员有下列行为之一的，由有关行政监督部门责令改正；情节严重的，禁止其在一定期限内参加依法必须进行招标的项目的评标；情节特别严重的，取消其担任评标委员会成员的资格：

（一）应当回避而不回避；

（二）擅离职守；

（三）不按照招标文件规定的评标标准和方法评标；

（四）私下接触投标人；

（五）向招标人征询确定中标人的意向或者接受任何单位或者个人明示或者暗示提出的倾向或者排斥特定投标人的要求；

（六）对依法应当否决的投标不提出否决意见；

（七）暗示或者诱导投标人作出澄清、说明或者接受投标人主动提出的澄清、说明；

（八）其他不客观、不公正履行职务的行为。

第七十二条 评标委员会成员收受投标人的财物或者其他好处的，没收收受的财物，处 3000 元以上 5 万元以下的罚款，取消担任评标委员会成员的资格，不得再参加依法必须进行招标的项目的评标；构成犯罪的，依法追究刑事责任。

《评标委员会和评标方法暂行规定》

第十三条 评标委员会成员应当客观、公正地履行职责，遵守职业道德，对所提出的评审意见承担个人责任。

评标委员会成员不得与任何投标人或者与招标结果有利害关系的人进行私下接触，不得收受投标人、中介人、其他利害关系人的财物或者其他好处。

第十四条 评标委员会成员和与评标活动有关的工作人员不得透露对投标文件的评审和比较、中标候选人的推荐情况以及与评标有关的其他情况。

前款所称与评标活动有关的工作人员，是指评标委员会成员以外的因参与评标监督工作或者事务性工作而知悉有关评标情况的所有人员。

第五十四条 评标委员会成员收受投标人的财物或者其他好处的，评标委员会成员或者与评标活动有关的工作人员向他人透露对投标文件的评审和比较、中标候选人的推荐以及与评标有关的其他情况的，给予警告，没收收受的财物，可以并处三千元以上五万元以下的罚款；对有所列违法行为的评标委员会成员取消担任评标委员会成员的资格，不得再参加任何依法必须进行招标项目的评标；构成犯罪的，依法追究刑事责任。

（二）要点简析

1. 评标委员会专家的廉洁从业义务

根据《招标投标法》《招标投标法实施条例》《评标委员会和评标方法暂行规定》等规定，评标委员会专家在廉洁从业方面的禁止性行为主要有：①不得私下接触投标人；②不得向招标人征询确定中标人的意向或者接受任何单位或者个人明示或者暗示提出的倾向或者排斥特定投标人的要求；③不得对依法应当否决的投标不提出否决意见；④不得暗示或者诱导投标人作出澄清、说明或者接受投标人主动提出的澄清、说明；⑤不得向他人透露对投标文件的评审和比较、中标候选人的推荐以及与评标有关的其他情况；⑥其他不客观、不公正履行职务的行为。

2. 评标委员会专家违反廉洁从业义务的法律责任

评标委员会成员收受投标人、其他利害关系人的财物或者其他好处的，给予警告，没收收受的财物，可以并处三千元以上五万元以下的罚款；对有违法行为的评标委员会成员取消担任评标委员会成员的资格，不得再参加任何依法必须进行招标项目的评标；构成犯罪的，依法追究刑事责任。

3. 评标专家收受投标人财物涉嫌非国家工作人员受贿罪

一旦评标专家构成犯罪，将被依法追究刑事责任。此时评标专家的身份将影响定罪与量刑。较为典型的情况如案例 2。如果国有企业工作人员以评标专家的身份参加非由本单位组织的招标的评标，则认为不是从事职务行为，以非国家工作人员受贿罪论处。而评标专家担任产品质量抽检组组长，则视为受单位的委派从事职务行为，非法收受他人财物构成国家工作人员受贿罪。非国家工作人员受贿罪的起刑标准高于仅适用于国家工作人员的受贿罪。相关分析可参照本系列丛书之《供电企业刑事法律案例分析与风险防范》。

三、防控重点

招标投标过程中滋生的灰色利益关系极易引发腐败。投标人靠行贿取得中标机会，就有可能把合同履行、项目质量把关的责任约束降到最低，偷工减料、不执行合同约定行为发生的概率会大大增加，从而损害国家与集体的利益。

1. 严格执行评标专家随机抽取制度

除《招标投标法》第三十七条第三款规定的特殊招标项目外，依法必须进行招标的项目，其评标委员会的专家成员应当从评标专家库内相关专业的专家名单中以随机抽取方式确定。评标专家随机抽取后，一般要由工作人员通知专家，可能造成专家名单泄密。因此随机抽取最好采用评标专家自动抽取系统，利用系统随机抽取专家后自动进行语音通知，根据语音按键自动回馈专家参与状态功能。在专家无法接听电话、拒绝参加评标等情况下自动进行补抽，直到满足设定专家的人数为止。通知完成后，再通过短信方式向专家发送短信，以避免抽中专家信息泄露。

2. 加强评审专家评标全过程的管理

从评审专家评标各环节避免评标专家与投标人接触。严禁评标专家出席开标会，尽量减少评标专家和投标人信息交互的可能性和私下接触的机会。加强对评审专家的现场监督，通信工具一律关闭，并由工作人员统一保管。严格评标现场纪律管理，评标现场封闭，拒绝无关人员进入。评标标准定量化，严格限制评标专家的自由裁量权，对奇高奇低分、随意分责令评标专家作出解释。对于技术较为复杂的输变电工程或电气设备采购的技术投标文件，应当采用暗标制作、暗标评审。在评审前，对各投标文件技术标书进行编号，隐去投标人身份，监督人员监督开封和编号，鉴证暗标部分包装的外观检查，防止外观被作记号。暗标评审完毕后，封存评审结果，再公布投标人名称。

3. 要求评标专家签订廉洁自律承诺书

廉洁自律承诺书的形式各不一样，一般应包括以下内容：一是遵守评审工作规则和评审工作纪律，以独立、客观、公正和严肃认真的态度完成评审工作；二是不泄露评审工作中获知的商业秘密；三是不接受任何投标单位赠送的礼品礼金、有价证券、购物券、回扣、佣金；不与投标单位及其工作人员私下接触，不参与其组织的宴请、娱乐活动；四是不向投标单位及其工作人员索要好处费、赞助费、宣传费，不在投标单位报销各种消费凭证；五是若出现违反上述承诺的行为，自愿接受按照国家法律、法规等有关规定给予的处罚。

4. 扩充专家库的专家数量和专业范围

为使专家库有足够数量的专家供随机抽取，防止因人少易攻关、信息易集中、贿赂评审专家的现象发生，应不断扩充专家库的专家数量和专业范围，并实现专家库资源共享。在保证数量的同时，注重评标专家的素质，对专家库进行专业设置分类，提高评审专家的专业性。

5. 加强宣传教育，营造风清气正的评标氛围

从源头上治理腐败，必须加强宣传教育。要对评标专家不断加大宣传教育力度，强化守法、诚信、廉洁、服务意识。要通过先进典型作榜样、反面教材当镜子的“正反典型”宣教方法，帮助评标专家把好廉政关口。

第二节　评标专家应当回避未回避，其评审意见无效

一、案例

案例 1：评标专家中的利害关系人应当回避未回避，评审结果无效，重新招标

案号：（2019）川 07 行终 26 号

原告洛某所、科某所组成的联合体与第三人睿某所、博某所、勤某建设公司组成的联合体及案外人盈某分所 1、盈某所组成的联合体等组织共同报名参与“某县市政基础设施 PPP 项目法律顾问服务采购项目”。该项目于 2018 年 6 月 5 日开标，盈某分所 2 律师事务所执业律师、管

委会主任陈某以评标专家身份参与该项目政府采购评标，直至评标工作结束。

2018 年 6 月 11 日，第三人睿某所、博某所、勤某建设公司以“评审专家未依法回避，严重违反三公原则”为由，向第三人采购中心和第三人住建局提出质疑。2018 年 6 月 13 日，第三人采购中心作出回复，认为“所质疑事项不属实，不予采信”。2018 年 6 月 15 日，第三人采购中心向原告洛某所发出成交通知书，确定为该项目成交供应商。2018 年 6 月 25 日，第三人睿某所、博某所、勤某建设公司向被告县财政局提出投诉。2018 年 8 月 2 日，被告县财政局要求招标人重新开展采购活动。中标人原告洛某所不服，诉至法院。

一审法院认为，评标专家陈某系盈分所 2 执业律师、管委会主任，与投标人盈某所有利害关系，应当回避。故被告县财政局作出重新开展采购活动的处理决定并无不当。判决驳回原告诉讼请求。

二审法院认为，盈某分所 1、盈某分所 2 均是盈某所设立的分所，故担任盈某分所 2 执业律师、管委会主任的评审专家陈某与盈某分所 1、盈某所组成的联合体供应商之间存在可能影响政府采购活动公平、公正的关系。根据该省相关规定，评审委员会成员应当回避没有回避的，评审结果无效。二审维持原判。

案例 2：评标专家中的利害关系人应当回避未回避，因暗标操作不必重新招标

案号：（2018）湘 0822 行初 1 号

2016 年 11 月第三人某县人民医院综合性医疗中心建设项目招标。因为多次受到质疑和投诉，该项目两次延长开标时间。2017 年 12 于 19 日，该项目开标，五家联合体单位递交投标文件，招标人依法从专家库中随机抽取本市七位评标专家组成评标委员会进行评标，评标活动采取暗标评标方式。2017 年 12 月 20 日，公示第一中标候选人为两原告联合体单位，第二中标候选人为某省建筑设计院有限公司和顺某建设集团有限公司。

2017 年 12 月 21 日，第三人收到某省建筑设计院有限公司递交的质疑函。第三人收到该质疑函后暂停该项目招投标。因第三人及招标代理公司在公示期满十日后既未做出答复也未下达中标通知书，原告派员前

往被告县住房和城乡建设局口头要求被告履行监督职责，被告工作人员对质疑函反映问题的处理情况未做出明确答复。2018 年 1 月 12 日、25 日第三人再次向被告就有关情况提交报告请示材料，请求废止评标结果。经答复后原告诉至法院。

经法院核实，该次评标的专家评委中一成员为被告单位现职副局长，属行政监督部门工作人员，同时又是投标人某建筑公司的二级注册建造师，属于依法应当回避担任评标委员会成员的人。

法院认为，该次评标存在应当回避担任评标委员会成员的人参与评标的情况，被告作为监督管理部门，在参加招标评标监督活动中对该回避事项未及时发现处理，行政行为存在过失。但在评标委员会完成评标后，发现评标委员会成员有回避事由的，对其评审结论效力的认定，法律、行政法规未做出明确规定。《招标投标法》《招标投标法实施条例》规定的中标无效的情形并不包括应当回避担任评标委员会的人参与评标，仅规定了此种情形下对评标委员会成员的处理。该次评标组建的评标委员会成员七人均系从专家库中随机抽取评委产生的方式，形式合法。虽然该次招投标过程中一名评委属于应回避人员未回避的情况，但该次评标活动采取暗标评标方式，其中一名应回避未回避评委并未对此次评标活动造成实质性影响，且依据现有证据不能认定第三人主张的原告围标串标或其他违法行为客观存在。因此此次评标行为不宜认定为无效。

二、法律分析

（一）关键法条

《招标投标法》

第七十一条 评标委员会成员有下列行为之一的，由有关行政监督部门责令改正；情节严重的，禁止其在一定期限内参加依法必须进行招标的项目的评标；情节特别严重的，取消其担任评标委员会成员的资格：

（一）应当回避而不回避；

（二）擅离职守；

（三）不按照招标文件规定的评标标准和方法评标；

（四）私下接触投标人；

（五）向招标人征询确定中标人的意向或者接受任何单位或者个人

明示或者暗示提出的倾向或者排斥特定投标人的要求；

（六）对依法应当否决的投标不提出否决意见；

（七）暗示或者诱导投标人作出澄清、说明或者接受投标人主动提出的澄清、说明；

（八）其他不客观、不公正履行职务的行为。

《招标投标法实施条例》

第四十六条 除招标投标法第三十七条第三款规定的特殊招标项目外，依法必须进行招标的项目，其评标委员会的专家成员应当从评标专家库内相关专业的专家名单中以随机抽取方式确定。任何单位和个人不得以明示、暗示等任何方式指定或者变相指定参加评标委员会的专家成员。

依法必须进行招标的项目的招标人非因招标投标法和本条例规定的事由，不得更换依法确定的评标委员会成员。更换评标委员会的专家成员应当依照前款规定进行。

评标委员会成员与投标人有利害关系的，应当主动回避。

有关行政监督部门应当按照规定的职责分工，对评标委员会成员的确定方式、评标专家的抽取和评标活动进行监督。行政监督部门的工作人员不得担任本部门负责监督项目的评标委员会成员。

第四十八条 招标人应当向评标委员会提供评标所必需的信息，但不得明示或者暗示其倾向或者排斥特定投标人。

招标人应当根据项目规模和技术复杂程度等因素合理确定评标时间。超过三分之一的评标委员会成员认为评标时间不够的，招标人应当适当延长。

评标过程中，评标委员会成员有回避事由、擅离职守或者因健康等原因不能继续评标的，应当及时更换。被更换的评标委员会成员作出的评审结论无效，由更换后的评标委员会成员重新进行评审。

《政府采购法实施条例》

第九条 在政府采购活动中，采购人员及相关人员与供应商有下列利害关系之一的，应当回避：

（一）参加采购活动前 3 年内与供应商存在劳动关系；

（二）参加采购活动前 3 年内担任供应商的董事、监事；

（三）参加采购活动前3年内是供应商的控股股东或者实际控制人；

（四）与供应商的法定代表人或者负责人有夫妻、直系血亲、三代以内旁系血亲或者近姻亲关系；

（五）与供应商有其他可能影响政府采购活动公平、公正进行的关系。

供应商认为采购人员及相关人员与其他供应商有利害关系的，可以向采购人或者采购代理机构书面提出回避申请，并说明理由。采购人或者采购代理机构应当及时询问被申请回避人员，有利害关系的被申请回避人员应当回避。

《评标委员会和评标方法暂行规定》

第十二条　有下列情形之一的，不得担任评标委员会成员：

（一）投标人或者投标人主要负责人的近亲属；

（二）项目主管部门或者行政监督部门的人员；

（三）与投标人有经济利益关系，可能影响对投标公正评审的；

（四）曾因在招标、评标以及其他与招标投标有关活动中从事违法行为而受过行政处罚或刑事处罚的。

评标委员会成员有前款规定情形之一的，应当主动提出回避。

《工程建设项目施工招标投标办法》

第七十九条　依法必须进行招标的项目的招标人不按照规定组建评标委员会，或者确定、更换评标委员会成员违反招标投标法和招标投标法实施条例规定的，由有关行政监督部门责令改正，可以处10万元以下的罚款，对单位直接负责的主管人员和其他直接责任人员依法给予处分；违法确定或者更换的评标委员会成员作出的评审决定无效，依法重新进行评审。

（二）要点简析

1. 评标专家应当回避的情形

根据《评标委员会和评标方法暂行规定》，评标委员会成员回避的情形主要有：投标人或者投标人主要负责人的近亲属；项目主管部门或者行政监督部门的人员；与投标人有经济利益关系，可能影响对投标公正评审的；曾因在招标、评标以及其他与招标投标有关活动中从事违法行为而受过行政处罚或刑事处罚的。

以上规定在具体操作过程中，可能存在执行偏差。如评标人与投标人之间是否存在有可能影响投标公正评审的经济利益关系，需要进行分析判断。如本节案例2。《政府采购法实施条例》的规定相对明确，参加采购活动前3年内与供应商存在劳动关系、担任供应商的董事监事、是供应商的控股股东或者实际控制人等属于与供应商有可能影响政府采购活动公平、公正进行的关系。政府采购关于回避的规定可以作为工程、货物、服务招投标中的评标专家回避的参考。

2. 评标专家应回避不回避的法律责任

评标委员会成员应当回避而不回避，由有关行政监督部门责令改正；情节严重的，禁止其在一定期限内参加依法必须进行招标的项目的评标；情节特别严重的，取消其担任评标委员会成员的资格。

3. 评标专家应回避不回避，其评审结果无效，但并不必然引起中标无效

《工程建设项目施工招标投标办法》2013年修订后，把原第七十九条关于“应当回避担任评标委员会成员的人参与评标的，评标无效，应当依法重新进行评标或者重新进行招标”的规定，改成了“违法确定或者更换的评标委员会成员作出的评审决定无效，依法重新进行评审”。评标专家应当回避而未回避是否属于“违法确定评标委员会”，暂无明确的规定。因此有意见认为，即使在评标活动中存在评标委员会成员应当回避而不回避的情形，仅对评标委员会成员个人做出处罚，而不影响评标和中标结果。如本节案例2。案例1的评标结果无效的原因是该省另外还有关于“评审委员会成员应当回避没有回避的，评审结果无效”的规定。

三、防控重点

输变电工程和货物招投标是一个复杂的活动，具有信息不对称、链条环节多等特性。评标专家在整个评标过程中具有核心地位，评标结果直接影响最终的中标结果，牵涉到各参与主体的利益。而评标专家应回避不回避，容易沦为投标人的代言人，影响评标过程和结果的公正性。

1. 加强个人资料审查，准确设置回避单位

评标专家应如实、详细填写个人资料，避免因个人资料填写不明，回避单位设置不准确而影响回避事项的系统比对结果，出现应回避未回

避的情况。

2. 认真核对评标专家信息

开标后投标人签到表要及时送达评标委员会。评标委员会专家应认真核对签到名单，一旦发现有回避事由，应及时主动提出回避申请。

3. 建立评审专家“准入、退出、考核”动态管理机制

严格执行评标回避制度，严肃评标纪律，对不遵守评标纪律，业务水平不高、责任心不强、时常出错的评标专家，应进行批评、现场纠正。对存在违法违规的评标专家应及时退出评审专家库。对评标专家在评标过程中的打分情况进行跟踪管理，一旦发现评标专家有明显的徇私舞弊或者显失公平的行为，应及时处理。每次评标结束后，应由招标代理机构项目负责人和现场监督人员分别对评标专家进行考评，考核内容应包括是否能够主动回避与自己有利害关系的评审项目。评标专家的考核结果应记入评标专家个人档案，作为专家续聘和奖罚的依据。

第三节 评标委员会可以要求投标人作出澄清或说明

一、案例

案例 1：货物采购投标报价未明确暂列金额，评标委员会可以要求澄清

案号：（2016）湘 1302 行初 60 号

某市城投集团就市第二水厂设备采购及安装工程项目进行国内公开招标。投标截止期限内，原告清某公司和华某科技有限公司等共计 4 家单位投标。开标过程中，华某科技公司的投标价格中没有列明暂列金额 487645 元及其他项目费 200000 元。评标委员会认为，招标文件的相关内容不明确，可能导致投标人对投标总报价是否应当包括暂列金额及其他项目费的理解存在差别，便要求华某科技有限公司作出澄清。华某科技有限公司就暂列金额及其他项目费以书面形式向评标委员会作出澄清并调整最终报价。华某科技有限公司作出澄清后，原告清某公司等其他投标人的最终报价仍均高于华某科技有限公司的最终报价，各投标人的投标总报价高低顺位没有改变。此后，经评标委员会评定，确认华某科

技有限公司为第一中标候选人，原告为第二中标候选人。2016 年 2 月 2 日，原告以招标人组织的评标活动存在违法，中标结果无效为由提出质疑。后经投诉、复议，原告向法院提起行政诉讼。

法院认为，本案所涉主要标的为设备，故应认定为采购货物，并非采购工程。华某科技有限公司的投标总报价没有将暂列金额及其他项目费包括在总报价中，应属于投标人对招标文件中同类问题理解不一致所致，不属于因投标总价缺漏招标文件所要求的内容而视为无效投标的情形。同时，华某科技有限公司的投标对招标文件中标注的实质性条款及要求均作出了响应，且不存在构成投标无效的其他情形，故华某科技有限公司的投标为有效投标。评标委员会作出要求华某科技有限公司对总报价中遗漏的暂列金额及其他项目费作出澄清的行为符合招标文件的相关规定；同时，评标委员会要求华某科技有限公司对总报价中遗漏的暂列金额及其他项目费作出澄清，并没有对其他投标人造成不公正的结果，其行为亦没有违背相关法律法规的规定，故评标委员会要求华某科技有限公司对暂列金额及其他项目费进行澄清的行为不构成违法。判决驳回原告的诉讼请求。

此外，在诉讼过程中，被告市财政局没有向法院提供证据证明其复议程序的合法性，法院判决确认被告市财政局复议程序违法。

案例 2：投标人认为招标人澄清违法但未提供公证文书，视为放弃举证

案号：（2015）穗中法民二终字第 1279 号

2013 年 12 月，某能公司就某 35 千伏变电站主变压器招标。2013 年 12 月 21 日，大某公司因与能某公司在报价及能某公司澄清等方面产生争议，诉至法院。

一审法院认为，大某公司于 2014 年 1 月 9 日发送调价说明，确定因其工作人员未及时沟通导致确认中标后进行调价，违反了招投标文件的承诺或要求，判决驳回大某公司的诉讼请求。

大某公司上诉称，2014 年 1 月 9 日某能公司负责招标事宜的工作人员向大某公司发送电子邮件写明，某能公司在投标截止前做出了澄清函，内容为普通开关并非原招标技术文件中所指的真空开关，后续开标过程中又将此项技术参数更改为真空开关，在整个招标工作中一再更改，导

致大某公司对是否需要按照真空开关设备价格报价的问题上产生了误解。二审要求大某公司提供有关电子邮件的公证文书，大某公司逾期未向原审法院提交相关电子邮件的公证文书。二审法院认为大某公司未在法院释明的期限内提交相关电子邮件的公证文书，视为对其举证权利的放弃，应依法承担举证不能的不利后果。判决驳回上诉，维持原判。

二、法律分析

（一）关键法条

《招标投标法》

第二十三条 招标人对已发出的招标文件进行必要的澄清或者修改的，应当在招标文件要求提交投标文件截止时间至少十五日前，以书面形式通知所有招标文件收受人。该澄清或者修改的内容为招标文件的组成部分。

第三十九条 评标委员会可以要求投标人对投标文件中含义不明确的内容作必要的澄清或者说明，但是澄清或者说明不得超出投标文件的范围或者改变投标文件的实质性内容。

《招标投标法实施条例》

第二十一条 招标人可以对已发出的资格预审文件或者招标文件进行必要的澄清或者修改。澄清或者修改的内容可能影响资格预审申请文件或者投标文件编制的，招标人应当在提交资格预审申请文件截止时间至少3日前，或者投标截止时间至少15日前，以书面形式通知所有获取资格预审文件或者招标文件的潜在投标人；不足3日或者15日的，招标人应当顺延提交资格预审申请文件或者投标文件的截止时间。

第五十二条 投标文件中有含义不明确的内容、明显文字或者计算错误，评标委员会认为需要投标人作出必要澄清、说明的，应当书面通知该投标人。投标人的澄清、说明应当采用书面形式，并不得超出投标文件的范围或者改变投标文件的实质性内容。

评标委员会不得暗示或者诱导投标人作出澄清、说明，不得接受投标人主动提出的澄清、说明。

《评标委员会和评标方法暂行规定》

第十九条 评标委员会可以书面方式要求投标人对投标文件中含义

不明确、对同类问题表述不一致或者有明显文字和计算错误的内容作必要的澄清、说明或者补正。澄清、说明或者补正应以书面方式进行并不得超出投标文件的范围或者改变投标文件的实质性内容。

投标文件中的大写金额和小写金额不一致的，以大写金额为准；总价金额与单价金额不一致的，以单价金额为准，但单价金额小数点有明显错误的除外；对不同文字文本投标文件的解释发生异议的，以中文文本为准。

第二十一条 在评标过程中，评标委员会发现投标人的报价明显低于其他投标报价或者在设有标底时明显低于标底，使得其投标报价可能低于其个别成本的，应当要求该投标人作出书面说明并提供相关证明材料。投标人不能合理说明或者不能提供相关证明材料的，由评标委员会认定该投标人以低于成本报价竞标，应当否决其投标。

第二十二条 投标人资格条件不符合国家有关规定和招标文件要求的，或者拒不按照要求对投标文件进行澄清、说明或者补正的，评标委员会可以否决其投标。

（二）要点简析

1. 可以澄清的情况

投标人澄清。根据《招标投标法实施条例》，投标人可以澄清的情况仅限于投标文件中含义不明确的内容、明显文字或者计算错误。投标人澄清或者说明的内容有严格限定，均不得超出投标文件的范围或者改变投标文件的实质性内容。《评标委员会和评标方法暂行规定》增加了“对同类问题表述不一致”的情况，并且规定在评标过程中，评标委员会发现投标人的报价明显低于其他投标报价或者在设有标底时明显低于标底，使得其投标报价可能低于其个别成本的，应当要求该投标人作出书面说明并提供相关证明材料。

招标人澄清。招标人对已发出的招标文件进行必要的澄清或者修改的，应当在招标文件要求提交投标文件截止时间至少十五日前，以书面形式通知所有招标文件收受人。招标人澄清的内容不仅仅限于文字、计算等非实质性内容。投标人的澄清或者修改的内容为招标文件的组成部分。如案例 2，如果投标人能够举证出招标人对已发出的招标文件的澄清不满足法定要求的公证文书，则招标人应承担违法澄清的责任。

2. 澄清的主、被动关系

投标人处于澄清的被动一方，应评标委员会的要求而作出澄清，且澄清或者说明不得超出投标文件的范围或者改变投标文件的实质性内容。评标委员会为澄清的主动一方，如果发现投标文件中有需要澄清的情况时，可以要求投标人对投标文件中含义不明确的内容作必要的澄清或者说明，但是不得暗示或者诱导投标人作出澄清、说明。评标委员会也不得接受投标人主动提出的澄清、说明。

3. 澄清应采用书面形式

评标委员会要求投标人对投标文件中含义不明确、对同类问题表述不一致或者有明显文字和计算错误的内容作必要的澄清、说明或者补正的，应当以书面方式通知。投标人的澄清、说明也应当采用书面形式。此外，电子招标投标项目，评标中需要投标人对投标文件澄清或者说明的，应当通过电子招标投标交易平台交换数据电文。

4. 投标人澄清的启动

投标人澄清是投标人应评标委员会要求做出的。只有评标委员会能够启动澄清程序，并书面通知该投标人。其他相关主体，不论是招标人、招标代理机构，还是行政监督部门，均无权发动澄清。

三、防控重点

澄清可以有效、尽早发现招标人、投标人之间的认识偏差，及时发现各自的工作疏忽。澄清的质量直接影响评标的质量。

1. 澄清的过程应注意信息保密

澄清过程中应充分尊重投标人的合法权益。一个问题向多个或全部投标人发出澄清要求的，应注意信息保密，避免泄露投标人的商业秘密、技术秘密。澄清环节，评标委员会成员和投标人不能见面，相关书面材料应通过采购人或采购代理机构转交。澄清、说明或者更正应当由法定代表人或其授权代表签字或者加盖公章。由授权代表签字的，应当附法定代表人授权书。

2. 澄清的范围应适当控制

评标委员会发现投标文件中不明确、有错误的内容如果不要求纠正和澄清，一旦该投标人中标，到了签约阶段往往较难补正，易造成签约、履约纠纷。但是如果评标委员会提出的澄清要求范围太广或者提出带有暗示或者诱导性的内容，将严重影响评标的公正性。对于投标文件的实质性内容，以及归属于存在重大偏差的内容，均不可要求投标人澄清补正。这就要求评标委员会遵守法定的程序和要求，审慎启动澄清程序。

第四节　细微偏差应先要求补正，不应直接否决投标

一、案例

案例：“3C”证书某一电流参数缺失仅为细微偏差，不应否决投标

案号：（2017）鲁 1481 行初 7 号

某市人民医院配电箱采购项目于 2017 年 4 月 7 日在市公共资源交易中心进行了开标、评标并推荐中标候选人工作，最终推荐瑞某电气有限公司等 3 名中标候选人。原告作为投标人之一因招标文件未加盖公章被作为无效投标处理。原告认为 3 名中标候选人以及经评审排名第四名的环某公司、排名第五名的亘某公司均无双电源配电箱主母线电流 I_n 为 630A 强制性产品“3C”认证证书，不具备招标文件和国家规定的投标人资格，于 2017 年 4 月 11 日向某市人民医院提出异议。

评标委员会认为：该项目招标文件关于投标人资格要求中只要求提供配电箱、配电柜、双电源箱的“3C”认证证书，并未对上述三种采购物品配电箱、配电柜、双电源箱提出规格上的要求，且双电源配电箱整套装置“3C”认证证书中主母线电流（InA）630A 规格的缺失并不会对该产品质量和性能造成实质性的影响，它只存在细微偏差，因其质量和性能是由其内部安装的核心元器件双电源切换开关（ATSE）决定的。综上，被异议的五名投标人均符合招标文件关于“3C”认证资格审查的要求。市人民医院于 2017 年 4 月 18 日对原告进行了回复，认定该项目上述五名投标人均符合招标文件关于“3C”认证资格审查文件的要求。原告向被告市财政局递交投诉书，市财政局驳回原告的投诉。原告诉至法院。

法院认为，原告提出的对五名投标人的投标人资格的投诉，原评标委员会成员在投诉处理中配合被告就投诉事项作出答复，认为五名投标人均符合招标文件关于“3C”认证资格审查的要求。被告通过调查及审

查上述回复后，认定原告的投诉缺乏事实依据，决定驳回投诉，事实认定清楚、适用法律正确。判决驳回原告的诉讼请求。

二、法律分析

（一）关键法条

《评标委员会和评标方法暂行规定》

第二十四条 评标委员会应当根据招标文件，审查并逐项列出投标文件的全部投标偏差。

投标偏差分为重大偏差和细微偏差。

第二十六条 细微偏差是指投标文件在实质上响应招标文件要求，但在个别地方存在漏项或者提供了不完整的技术信息和数据等情况，并且补正这些遗漏或者不完整不会对其他投标人造成不公平的结果。细微偏差不影响投标文件的有效性。

评标委员会应当书面要求存在细微偏差的投标人在评标结束前予以补正。拒不补正的，在详细评审时可以对细微偏差作不利于该投标人的量化，量化标准应当在招标文件中规定。

（二）要点简析

细微偏差是指投标文件在实质上响应招标文件要求，但在个别地方存在漏项或者提供了不完整的技术信息和数据等情况，并且补正这些遗漏或者不完整不会对其他投标人造成不公平的结果。

如《公路工程国内招标文件范本》规定，投标文件中的下列偏差为细微偏差：①在算术性复核中发现的算术性差错；②在招标人给定的工程量清单中漏报了某个工程细目的单价和合价；③在招标人给定的工程量清单中多报了某个细目的单价和合价或所报单价增加或减少了报价范围；④在招标人给定的工程量清单中修改了某些支付号的工程数量；⑤除强制性标准规定之外，拟投入本合同段的施工、检测设备、人员不足；⑥施工组织设计不够完善。

三、防控重点

1. 投标人应加强投标文件的审核，避免细微偏差

投标文件的制作涉及的环节多，资格预审申请书、商务投标文件的

制作者、技术投标文件的制作者、报价制订者往往不是同一人，任何一个环节的错误都会导致投标文件存在偏差。偏差产生后，单位领导或管理层在后期签字、检查时很难发现并纠正。而投标一般时间都很紧张，仓促之下靠某个人专门检查效果往往不尽如人意。因此，投标文件制作的每个环节、每个岗位都应认真负责，及时纠正偏差，确保工作效率和标书编写质量。

2. 评标时对细微偏差应先要求补正，不应直接否决投标

根据《评标委员会和评标方法暂行规定》第二十六条，细微偏差不影响投标文件的有效性，评标委员会应当书面要求存在细微偏差的投标人在评标结束前予以补正。拒不补正的，在详细评审时可以对细微偏差作不利于该投标人的量化，量化标准应当在招标文件中规定。

第五节　投标文件存在重大偏差，评委会应否决投标

一、案例

案例 1：超过招标文件控制价，属于重大偏差被否决投标

案号：（2017）粤 1481 行初 141 号

2017 年 5 月 9 日，被告大某住建局发布市政基础设施工程招标公告。原告与其他多家企业参加了该项目第二标段的招标。在 2017 年 6 月 1 日的开评标会上，包括原告在内的 172 家投标人所提交的投标文件通过初步评审。后评标报告作出前，评标委员会核查发现原告的消火栓综合单价报价为 966.37 元，大于招标文件控制综合单价 925.31 元，遂对原告的投标作无效投标处理。原告不服，经异议、投诉后，诉至法院。

法院认为，原告投标文件因消火栓综合单价大于招标控制综合单价，属于未对招标文件作出实质性响应的重大偏差，评标委员会对原告已经通过有效性审查的投标文件作无效投标的处理并无不妥。判决驳回原告的诉讼请求。

案例 2：施工工期表述为计划工期，属于重大偏差被否决投标

案号：（2018）粤 2071 行初 586 号

2018 年 3 月，裕某南路工程公开招标。招标文件的承诺书要求对施

工工期的表述为“施工工期：300 个日历天。”原告对施工工期的表述均为“计划工期：300 个日历天。”评标委员会以未响应招标文件要求为由，否定其投标文件。原告经异议、投诉后，诉至法院。

一审法院认为，招标人应当根据招标项目的特点和需要编制招标文件，招标文件应包括招标项目的技术要求、对投标人资格审查的标准、投标报价要求和评标标准等所有实质性要求与条件。原告的投标文件基本资料承诺书中关于施工工期的承诺为“计划工期：300 个日历天”，与招标文件的承诺书需要承诺一个明确的工期多了“计划工期”四个字，评标委员会成员一致认为“计划工期”是可变的，并非明确工期，属于对招标文件的要求没有明确响应，对原告的投标予以否决处理，符合法律法规及招标文件的规定。判决驳回原告的诉讼请求。二审维持原判。

案例 3：委托代理人未签章，属于重大偏差被否决投标

案号：（2017）浙 03 行终 20 号

2016 年 3 月 26 日，新某公司就区保障性安居工程建设项目的施工进行公开招标。经评审委员会评审，入围评审区间的共 3 家单位，按商务标加资信标得分从高到低分别是新某公司、广某公司及锐某建设工程公司。在招标评审中，评审委员会发现新某公司提交的授权委托书委托代理人未签字或盖章。经评审委员会评审决议，否决新某公司投标。新某公司异议、投诉，要求纠正错误的评标结果。区住建局驳回其投诉。新某公司诉至法院要求撤销上述投诉处理决定。

一审法院认为，涉案授权委托书代理人未签字属于细微偏差。虽然代理人没有签字、盖章，但代理人已持该委托书参加开标会议，且已通过评标委员会参加开标会议的到场人员要求的审查，故该授权委托书的瑕疵，不影响新某公司投标文件的有效性。评标委员会应当书面要求存在细微偏差的投标人在评标结束前予以补正。本案评标委员会在未通知新某公司补正细微偏差的情况下，直接决定否决其投标，有失客观公正。但本案招标项目工程已开工建设，撤销被诉处理决定并重新作出处理已无实际意义，但被诉处理决定的违法性仍应予以确认。判决确认区住建局作出《投诉处理决定书》的行政行为违法。

二审法院认为，涉案工程招标文件第二章投标人须知前附表 3.7.3 对签字或盖章要求作了明确规定，其中“授权委托书应加盖单位章、法

定代表人应签字或盖章、委托代理人应签字或盖章”。招标文件已将授权委托书代理人未签字或盖章作为否决投标的效力性条款，因此涉案授权委托书代理人未签字或盖章，属于重大偏差，不属于应当予以澄清、说明或补正的情形。判决撤销一审判决，驳回新某公司的诉讼请求。

案例4：因招标文件未规定，漏填工期和免费保修期不属于重大偏差

案号：（2014）邮行初字第0001号

2013年6月14日，原告上某公司和南某公司等参加某学校塑胶运动场采购项目的公开招标。经过评审确定南某公司为第一中标人，原告为第二中标人。原告认为第一中标人南某公司投标文件《开标一览表》中的施工工期、免费保修期均为空白，未严格按规定格式填写，未实质性响应招标文件，应认定为无效投标，在中标公示期间向采购人市教育局提出质疑。6月24日，市教育局电教中心作出答复。6月27日，原告向市政府采购中心投诉。7月26日某市政府采购办公室向原告发出答复函。6月28日，南某公司与市教育局电教站签订了合同。7月4日，市政府采购办向教育局发出中止合同的函。8月中旬，市纪委介入该案，9月13日，在市纪委、财政局招标处、市纪委执法室、市政府采购办、市教育局的现场监督下，对该项目的中标人进行了复评，结果是原第一中标人有效。原告诉至法院。

法院认为，招标文件未将在《开标一览表》漏填工期和免费保修期规定为重大偏差，南某公司《开标一览表》的填写是有瑕疵的，评标委员会认为南某公司投标文件售后服务中有免费保修期承诺、施工进度表中有工期承诺的阐述内容，已对招标文件作出了实质性响应，一致认为南某公司投标有效，并在投标文件符合性审查表中说明了确认的原因，五个评委均签字。法院认为评标委员会认定南某公司投标有效符合招标文件和法律法规规定。判决驳回原告的诉讼请求。

二、法律分析

（一）关键法条

《招标投标法》

第四十二条　评标委员会经评审，认为所有投标都不符合招标文件要求的，可以否决所有投标。

依法必须进行招标的项目的所有投标被否决的，招标人应当依照本法重新招标。

第五十七条 招标人在评标委员会依法推荐的中标候选人以外确定中标人的，依法必须进行招标的项目在所有投标被评标委员会否决后自行确定中标人的，中标无效。责令改正，可以处中标项目金额千分之五以上千分之十以下的罚款；对单位直接负责的主管人员和其他直接责任人员依法给予处分。

《招标投标法实施条例》

第五十条 招标项目设有标底的，招标人应当在开标时公布。标底只能作为评标的参考，不得以投标报价是否接近标底作为中标条件，也不得以投标报价超过标底上下浮动范围作为否决投标的条件。

第五十一条 有下列情形之一的，评标委员会应当否决其投标：

（一）投标文件未经投标单位盖章和单位负责人签字；

（二）投标联合体没有提交共同投标协议；

（三）投标人不符合国家或者招标文件规定的资格条件；

（四）同一投标人提交两个以上不同的投标文件或者投标报价，但招标文件要求提交备选投标的除外；

（五）投标报价低于成本或者高于招标文件设定的最高投标限价；

（六）投标文件没有对招标文件的实质性要求和条件作出响应；

（七）投标人有串通投标、弄虚作假、行贿等违法行为。

《评标委员会和评标方法暂行规定》

第二十一条 在评标过程中，评标委员会发现投标人的报价明显低于其他投标报价或者在设有标底时明显低于标底，使得其投标报价可能低于其个别成本的，应当要求该投标人作出书面说明并提供相关证明材料。投标人不能合理说明或者不能提供相关证明材料的，由评标委员会认定该投标人以低于成本报价竞标，应当否决其投标。

第二十二条 投标人资格条件不符合国家有关规定和招标文件要求的，或者拒不按照要求对投标文件进行澄清、说明或者补正的，评标委员会可以否决其投标。

第二十三条 评标委员会应当审查每一投标文件是否对招标文件提出的所有实质性要求和条件作出响应。未能在实质上响应的投标，应当否决其投标。

第二十四条　评标委员会应当根据招标文件，审查并逐项列出投标文件的全部投标偏差。

投标偏差分为重大偏差和细微偏差。

第二十五条　下列情况属于重大偏差：

（一）没有按照招标文件要求提供投标担保或者所提供的投标担保有瑕疵；

（二）投标文件没有投标人授权代表签字和加盖公章；

（三）投标文件载明的招标项目完成期限超过招标文件规定的期限；

（四）明显不符合技术规格、技术标准的要求；

（五）投标文件载明的货物包装方式、检验标准和方法等不符合招标文件的要求；

（六）投标文件附有招标人不能接受的条件；

（七）不符合招标文件中规定的其他实质性要求。

投标文件有上述情形之一的，为未能对招标文件作出实质性响应，并按本规定第二十三条规定作否决投标处理。招标文件对重大偏差另有规定的，从其规定。

第二十七条　评标委员会根据本规定第二十条、第二十一条、第二十二条、第二十三条、第二十五条的规定否决不合格投标后，因有效投标不足三个使得投标明显缺乏竞争的，评标委员会可以否决全部投标。

投标人少于三个或者所有投标被否决的，招标人在分析招标失败的原因并采取相应措施后，应当依法重新招标。

（二）要点简析

对比归纳《招标投标法》第五十一条和《招标投标法实施条例》第二十五条，否决投标的情况主要有：①投标人资格条件不合格，包括订立合同资格、招标人与投标人之间有关联关系等；②投标文件内容、格式不合格，包括投标文件签字盖章不全；③投标文件存在重大偏差，包括技术响应不符合招标文件等；④投标人有违法违规行为，如串通投标、弄虚作假、行贿等。

重大偏差是否决投标的理由之一。投标文件存在重大偏差，是指影响到招标文件规定的工期、供货期、采购范围、产品质量和性能等实质上与招标文件不一致，而且限制了招标人的权利或投标人的义务，纠正这些偏离或保留将会对其他实质上响应要求的投标人的竞争地位产生不公正影响的偏差。根据《评标委员会和评标方法暂行规定》，投标文件未能对招标文件作出实质性响应，属于重大偏差的情况主要包括：没有按照招标文件要求提供投标担保或者所提供的投标担保有瑕疵；投标文件没有投标人授权代表签字和加盖公章；投标文件载明的招标项目完成期限超过招标文件规定的期限；明显不符合技术规格、技术标准的要求；投标文件载明的货物包装方式、检验标准和方法等不符合招标文件的要求；投标文件附有招标人不能接受的条件；不符合招标文件中规定的其他实质性要求。

关于实质性响应投标的审查，应该是对投标文件与招标文件所提出的所有实质性要求的条款、条件和要求相符性的审查，以确定是否有重大偏差。评委会认为有重大偏差的，应当否决投标。

三、防控重点

1. 防止滥用否决全部投标

被否决投标的，将不再参加招标文件的详细评审，也就不会有中标机会。因此，评标委员会不应随意否决某个投标，只能依据法律规定及招标文件的明确要求，从投标文件的有效性、完整性和对招标文件的响应程度进行审查，以确定是否对招标文件的实质性要求作出响应，从而决定是否否决投标。而且，评委会决定投标文件的响应程度只根据投标文件本身的内容，而不能寻求外部的证据，否则有失公平、公正。

实际操作中，否决全部投标的界定较难把握。特别是在以有效投标不足三个使得投标明显缺乏竞争为由否决所有投标时，需要审慎采用。如果招标人在项目前期做了充足的调研，对市场情形有充足的了解，可以为评标委员会提供相关的依据，或者评标委员会对于招标项目充分了解，可以做出正确判断。反之就需要谨慎处理，以免错误判断。招标人最好在招标文件中明确重大偏差的认定须经评标委员会三分之二以上同意之类的规定。

2. 依法必须招标的项目，否决投标的决定只能由评标委员会作出

否决投标是评标委员会依法作出的处理决定。其他相关主体无权作

出否决投标的决定。因此否决投标有阶段性，只有在评标阶段才能作出，开标过程不具有否决投标的功能。招标人不具有评审的功能，不能决定否决投标。如果招标人或代理机构在开标中发现投标无效、应当否决的情形，应如实记录，提交评标委员会决定是否否决。如本节案例 4，法院认为，对于南某公司的投标行为是否有效应由评标委员会决定，且评标委员会是独立行使决定权。评标委员会认为仅存在细微偏差，即可以不否决其投标。当然，在行政机构受理投诉时，应对评标委员会的评审意见作全面审查。具体分析见本书“异议、投诉”章节。

3. 否决全部投标后，应重新招标而不是自行确定中标人

根据《评标委员会和评标方法暂行规定》第二十七条，评标委员会否决不合格投标后，因有效投标不足三个使得投标明显缺乏竞争的，评标委员会可以否决全部投标。对于依法必须招标的项目而言，投标人少于三个或者所有投标被否决的，招标人应当依法重新招标。如果招标人在所有投标被评标委员会否决后自行确定中标人的，中标无效，责令改正，还可以对招标人处以中标项目金额千分之五以上千分之十以下的罚款；对单位直接负责的主管人员和其他直接责任人员依法给予处分。对于非依法必须招标的项目，当全部投标被否决后，可以重新招标，也可采用非招标方式采购。

第四章　定　　标

第一节　否定排名第一的候选人中标需符合法定条件

一、案例

案例 1：公布中标候选人后无正当理由终止招标，应承担缔约过失责任

案号：（2018）赣 0111 民初 2649 号

2018 年 4 月 19 日，被告某省电力公司公布 2018 年第一次物资招标采购公告，标明拟采购防鸟设备的分标编号，对于限授标包或金额要求及最高限价明确不予限定。原告大某公司按照招标公告的要求，向电力公司提交了投标文件。2018 年 5 月 24 日，电力公司在某电子商务平台公布了 2018 年第一次物资招标采购中标候选人名单，其中防鸟设备中标第一候选人为大某公司，平均单价约为 292.7 元。2018 年 6 月 22 日，电力公司发布中标结果公告，其中防鸟设备的中标人一栏显示招标失败。当日，大某公司致函电力公司希望其就取消其中标候选人资格一事给予说明。2018 年 7 月 2 日，大某公司再次致函电力公司物资部咨询中标候选人资格取消事项。电力公司对大某公司两次来函未予书面回复。2018 年第一次物资招标采购防鸟设备流标后，电力公司于 2018 年 8 月 2 日至 3 日，采用竞争性谈判方式完成采购，最终确定采购供应商是银某材料有限公司，采购单价 221.9 元。庭审中，电力公司称大某公司存在抬高中标价格的行为。

法院认为：电力公司经过评标委员会对七个投标人的投标情况进行评标后确定大某公司为中标候选人。原告作为中标候选人有理由相信被告将据此与其签订买卖合同，对此具有信赖利益；被告对招标进行流标，导致原告丧失依据评标结果签订买卖合同的机会，应当承担相应缔约过失责任，对原告因此产生的损失应予以赔偿。判决电力公司一次性赔偿大某公司缔约损失 3628 元。

案例 2：第一、第二中标候选人弄虚作假，经复查后重新招标

案号：（2019）粤 01 民终 3881 号

2017 年 8 月 11 日，环某公司就某电厂炉渣资源化利用项目公开招

标。2017 年 9 月 13 日，环某公司发布中标候选人公示，第一中标候选人为恒某公司，投标报价 40.02 元/吨。公示期间，其他四名投标人向环某公司提交质疑函件。2017 年 10 月 13 日，环某公司召集评委会复查后认为，第一、第二候选人不符合投标人的资格条件，建议招标人依法重新招标。2017 年 10 月 17 日，环某公司重新招标，确定同某公司为涉案项目的中标人，中标综合单价为 56 元人民币/吨。恒某公司到有关部门信访。2018 年 2 月 9 日，环某公司向恒某公司发出律师函，要求恒某公司立即停止对环某公司及涉案项目重新招标程序的干扰，承担环某公司重新招标产生的招标费用、重新招标期间炉渣无法及时得到处理造成的经营损失等，并不予退还恒某公司投标保证金。协商无果后环某公司提起本案诉讼。

一审法院认为，环某公司在重新审查恒某公司的投标资格后，及时公示招标失败并重新招标，其行为并无不当。恒某公司中标无效系因违反诚实信用原则，提交虚假材料骗取中标，恒某公司应对该涉案项目的中标无效承担缔约过失责任。故环某公司可不予退还投标保证金。二审维持原判。

案例 3：招标人不发出中标通知书，退还投标保证金

案号：（2017）渝 01 民终 6048 号

2015 年 12 月，被告渝某公司就某湖片区施工公开招标。2016 年 3 月 23 日，洪某公司按招标文件的要求支付投标保证金 100 万元。之后，市工程建设招投标交易中心发布中标候选人公示，确定洪某公司为第一中标候选人。2016 年 4 月 12 日，被告渝某公司向公安局提出控告，认为涉案工程存在串通投标，公安局于 2016 年 6 月 10 日以审查认为没有犯罪事实为由，决定不予立案。在公安机关审查期间，洪公司于 2016 年 5 月 3 日向招标人发出湖片区项目放弃函，载明：经我公司内部协商并一致同意自愿放弃某湖片区项目第一中标人资格。后洪某公司诉至法院要求退还投标保证金 100 万元。

一审法院认为，洪某公司在投标有效期内向渝某公司发放弃函，自愿放弃第一中标人资格，渝某公司依据该放弃函，不予退还投标保证金理由充分。判决驳回洪某公司的诉讼请求。

二审法院认为，本案公示期内并无其他投标人或利害关系人提出异

议，被告在具备条件后不确定洪某公司为中标人、不发出中标通知书，且在无利害关系人异议的情况下自行向公安机关提出控告，对拟中标人未予解释，对后续事宜未予说明，被告的行为表明其并不愿意接受洪某公司为中标人，在此背景下，洪某公司于 2016 年 5 月 3 日书面表示放弃中标资格，并不构成无故放弃的不诚信行为，不符合招标文件关于不退还投标保证金的规定情形。改判被告向原告退还投标保证金 100 万元。

案例 4：非必须招标项目业主可以在中标候选人中自行确定中标人

案号：（2016）鲁 09 民终 2500 号

2014 年，被告就白某村改造 A 组团前期物业管理项目发布招标文件，对该项目进行招标。经 2014 年 11 月 13 日的评标，原告得分为第一名。评标结束后，被告未向原告发出中标通知书。原告述称被告已经与排名第二的中标候选人签订物业合同；被告述称被告没有与任何物业公司签订合同，目前物业已经交小区业委会管理。

一审法院认为，本案招标项目并非《招标投标法》第三条规定的必须进行招标的项目，亦非国有资金占控股或者主导地位的依法必须进行招标的项目，被告有权自主在中标候选人中确定中标人，而非必须确定排名第一的中标候选人为中标人。评标结束后，被告未向原告发出中标通知，即双方尚未成立合同关系。判决驳回原告的诉讼请求。二审维持原判。

二、法律分析

（一）关键法条

《招投标法》

第四十条 评标委员会应当按照招标文件确定的评标标准和方法，对投标文件进行评审和比较；设有标底的，应当参考标底。评标委员会完成评标后，应当向招标人提出书面评标报告，并推荐合格的中标候选人。

招标人根据评标委员会提出的书面评标报告和推荐的中标候选人确定中标人。招标人也可以授权评标委员会直接确定中标人。

国务院对特定招标项目的评标有特别规定的，从其规定。

《招标投标法实施条例》

第五十三条 评标完成后，评标委员会应当向招标人提交书面评标报告和中标候选人名单。中标候选人应当不超过 3 个，并标明排序。

评标报告应当由评标委员会全体成员签字。对评标结果有不同意见的评标委员会成员应当以书面形式说明其不同意见和理由，评标报告应当注明该不同意见。评标委员会成员拒绝在评标报告上签字又不书面说明其不同意见和理由的，视为同意评标结果。

第五十五条　国有资金占控股或者主导地位的依法必须进行招标的项目，招标人应当确定排名第一的中标候选人为中标人。排名第一的中标候选人放弃中标、因不可抗力不能履行合同、不按照招标文件要求提交履约保证金，或者被查实存在影响中标结果的违法行为等情形，不符合中标条件的，招标人可以按照评标委员会提出的中标候选人名单排序依次确定其他中标候选人为中标人，也可以重新招标。

第五十六条　中标候选人的经营、财务状况发生较大变化或者存在违法行为，招标人认为可能影响其履约能力的，应当在发出中标通知书前由原评标委员会按照招标文件规定的标准和方法审查确认。

《评标委员会和评标方法暂行规定》

第四十八条　使用国有资金投资或者国家融资的项目，招标人应当确定排名第一的中标候选人为中标人。排名第一的中标候选人放弃中标、因不可抗力提出不能履行合同，或者招标文件规定应当提交履约保证金而在规定的期限内未能提交的，招标人可以确定排名第二的中标候选人为中标人。

排名第二的中标候选人因前款规定的同样原因不能签订合同的，招标人可以确定排名第三的中标候选人为中标人。

招标人可以授权评标委员会直接确定中标人。

国务院对中标人的确定另有规定的，从其规定。

（二）要点简析

1. 招标人不得在评标委员会推荐的中标候选人之外确定中标人

确定中标人即定标，应符合法定的要求。评标完成后，评标委员会应当向招标人提交书面评标报告和中标候选人名单。中标候选人应当不超过 3 个，并标明排序。招标人应当接受评标委员会推荐的中标候选人，不得在评标委员会推荐的中标候选人之外确定中标人，否则招标投标即失去了意义。如本节案例 1，招标人认为第一中标候选人的价格过高，人为终止招标后，未进行公开招标，也未依次确定中标人，而是与其他人进行谈判，最后以低于第一中标候选人的价格谈妥了合同，有悖于诚实信用的原则，应承担相应的责任。

2. 依法必须招标的项目，否定排名第一的中标候选人为中标人应符合法定情形

国有资金占控股或者主导地位的依法必须进行招标的项目，招标人应当确定排名第一的中标候选人为中标人。只有在排名第一的中标候选人放弃中标、因不可抗力不能履行合同、不按照招标文件要求提交履约保证金，或者被查实存在影响中标结果的违法行为等情况下，招标人才可以按照评标委员会提出的中标候选人名单排序依次确定其他中标候选人为中标人，也可以重新招标。

具体操作中是采取依次确定中标人还是重新招标，应视项目的难易程度、履约时限等具体情况确定。在项目工期等较为宽松的情况下，还是重新招标较为稳妥。

3. 招标人可以授权评标委员会直接确定中标人

《招标投标法》第四十条和《评标委员会和评标方法暂行规定》第四十八条均规定，招标人可以授权评标委员会直接确定中标人。电网输变电工程项目和物资采购作为必须招标的特殊项目，是否授权评标委员会直接确定中标人，应审慎决策。如果决定由评标委员会直接确定中标人，应履行有效的授权手续，并且在招标文件中明确载明。

4. 非必须招标的项目业主有权自行在中标候选人中确定中标人

如本节案例 4，法院认为，除依法必须进行招标的项目中招标人应当确定排名第一的中标候选人为中标人之外，其他必须进行招标的项目招标人有权自主在中标候选人中确定中标人，而非必须确定排名第一的中标候选人为中标人。

三、防控重点

定标是招标人的权力，是招标人确定中标人的意思表示。

1. 避免违规定标

招标人在定标时，应根据评标委员会提交的评标报告和中标候选人推荐意见确定中标人。因为经过评标的结果能最大限度地保证中标人满

足招标文件中规定的各项综合评价标准和实质性要求。招标人的定标意见如果与评标委员会的意见不一致，应有充分、合理的理由。特别是在评标中被评标委员会否决的投标人，定标人更不应以种种理由将其确认为中标人。

2. 避免延迟定标

《评标委员会和评标方法暂行规定》第四十条规定，评标和定标应当在投标有效期内完成。不能在投标有效期内完成评标和定标的，招标人应当通知所有投标人延长投标有效期。延长投标有效期应履行相应手续。依法必须进行招标的项目，招标人应当自收到评标报告之日起 3 日内公示中标候选人，公示期不得少于 3 日。输变电工程或电网物资采购项目的业主单位一般都设有定标委员会。定标委员会的成员大多由业主单位领导和业务骨干组成。召集定标会议经常会遇到人员缺席的情况。因此应关注定标期限，确保在投标有效期内完成评标和定标。

3. 谨慎授权评标委员会直接确定中标人

招标人对评标委员会所有成员完全信任，或者技术条件要求简单，或者技术条件特别复杂、招标人无法准确把握等情况下，招标人可以授权评标委员会直接确定中标人。

第二节 中标通知书属于承诺，发出即具有法律效力

一、案例

案例 1：中标通知书发出后因消防验收未通过未签订合同

案号：（2017）辽 14 民终 1422 号

原告某船学院于 2014 年 8 月 14 日公开发布学生浴池招标方案。2014 年 8 月 18 日被告郭某向原告交付保证金 10 万元和报名费 500 元。原告于 2014 年 8 月 19 日经过现场唱标与评标，最终被告中标。双方约定学生浴池由原告进行装修并提供浴池内部的相关设备。2015 年 10 月 16 日原告将浴池交由被告试营业，双方未约定试营业的期限。原告于 2015 年 12 月 29 日向被告送达书面通知书，限定被告 2016 年 1 月 15 日前履

行缴纳承包租金义务，逾期不交，视为自动放弃中标。因被告要求原告完善相关设施、增加服务项目、改变经营方式、增加经营范围等要求，原告认为被告的要求与招标文件和法律规定不符，予以拒绝，被告因此未履行缴纳承包租金的义务。经原告催要租金、返还浴池无果，原告申请法院保全被告财产，强令被告交还浴池。另查实，涉案浴池 2016 年 8 月通过消防验收。至诉讼前，双方未签订合同。

一审法院认为，郭某缴纳的 10 万元保证金，系保护招标人因中标人恶意不履行合同造成相关损失的保证。本案中，招标人向中标人发出中标通知书后，应在 30 日内签订合同，当时浴池并未通过消防验收。在浴池未经消防验收、设施设备不完全具备洗浴条件、未经检验测试情况下，无法投入正常运营，原告不具备可以与被告签订合同的前提条件。原告在法定期限内未签订合同，应承担责任，故该笔费用应退还给被告郭某。判决被告郭某将学生浴池交还给原告；原告给付郭某购买温泉水费用 467 125 元及购买浴池所需设备及附属用品费用 104390 元，退还郭某履约保证金 10 万元。二审维持原判。

案例 2：中标通知书未发出合同未成立

案号：（2016）鲁 09 民终 2500 号

2014 年，被告就某村改造 A 组团前期物业管理项目发布招标文件，对该项目进行招标。经 2014 年 11 月 13 日的评标，原告得分为第一名。评标结束后，被告未向原告发出中标通知书。原告述称被告已经与排名第二的中标候选人签订物业合同；被告述称被告没有与任何物业公司签订合同，目前物业已经交小区业委会管理。

一审法院认为，评标结束后，被告未向原告发出中标通知，双方的合同关系尚未成立，原告要求被告承担违约责任于法无据。判决驳回原告的诉讼请求。二审维持原判。

案例 3：中标通知书发出后取消项目应赔偿损失

案号：（2019）川 05 民终 378 号

2015 年 10 月 26 日，某投公司向某卫公司发出中标通知书，确定某卫公司为北部安置点项目勘察、设计标段的中标人。合同签订后，某投公司未在合同约定的期限内向某卫公司提供北部安置点项目的基础资料，且在 2016 年 2 月 14 日某投公司的上级主管部门决定暂缓实施北部安置点项目勘察设计工作后，某投公司及时通知某卫公司停止勘察设计工作，至此某卫公司还未进入北部安置点项目的施工现场开展勘察工作。2016 年 12 月 13 日，某投公司将履约保证金退回某卫公司。某卫公司诉至法院主张以交缴的履约保证金的双倍金额支付违约金。

一审法院认为，本案某投公司与某卫公司签订勘察设计合同后，某投公司一直未按合同履行交付基础资料的义务，且退还了某卫公司的履约保证金，其行为已表明不再履行合同，因此，某卫公司主张与某投公司解除合同，符合法律规定。判决解除原、被告签订的勘察设计合同，被告支付原告利息损失 37996 元。

二审期间，上诉人某卫公司提交了招标文件和招标代理费发票。二审除维持原告的利息损失 37996 元外，增加判决被告支付原告招标代理费损失 46830 元。

二、法律分析

（一）关键法条

《招标投标法》

第四十五条 中标人确定后，招标人应当向中标人发出中标通知书，并同时将中标结果通知所有未中标的投标人。

中标通知书对招标人和中标人具有法律效力。中标通知书发出后，招标人改变中标结果的，或者中标人放弃中标项目的，应当依法承担法律责任。

《招标投标法实施条例》

第七十三条 依法必须进行招标的项目的招标人有下列情形之一的，由有关行政监督部门责令改正，可以处中标项目金额 10‰以下的罚款；给他人造成损失的，依法承担赔偿责任；对单位直接负责的主管人员和其他直接责任人员依法给予处分：

（一）无正当理由不发出中标通知书；

（二）不按照规定确定中标人；

（三）中标通知书发出后无正当理由改变中标结果；

（四）无正当理由不与中标人订立合同；

（五）在订立合同时向中标人提出附加条件。

《评标委员会和评标方法暂行规定》

第四十九条 中标人确定后，招标人应当向中标人发出中标通知书，同时通知未中标人，并与中标人在投标有效期内以及中标通知书发出之日起 30 个工作日之内签订合同。

第五十条 中标通知书对招标人和中标人具有法律约束力。中标通知书发出后，招标人改变中标结果或者中标人放弃中标的，应当承担法律责任。

（二）要点简析

1. 中标通知书的性质属于承诺

《招标投标法》第十条规定，招标是指招标人采取招标通知书或者招标公告的方式邀请不特定的法人或者其他组织投标的活动。《合同法》第十五条规定，招标公告为要约邀请。所谓要约邀请，是希望他人向自己发出要约的意思表示。投标是指投标人按照招标人的要求，在规定的期限内向招标人发出的包括合同主要条款的意思表示，该意思表示属于要约。因此招标人发出中标通知书是承诺，表示招标人经过招标程序，在所有投标人中同意接受中标的投标人的投标条件，即同意接受该投标人的要约。

2. 中标通知书一经发出即产生法律效力

招标人经过评标委员会的评标确定中标人后，招标人应当向中标人发出中标通知书。与普通的承诺要求到达生效不同，《招标投标法》第四十五条规定，中标通知书发出后，招标人改变中标结果的，或者中标人放弃中标项目的，应当依法承担法律责任。说明中标通知书发出后即具有法律效力，不允许招标人改变中标结果，或者中标人放弃中标项目。这是因为，如果规定中标通知书在中标人收到后产生法律效力，若招标人及时发出了中标通知书，但是中标通知书在传送过程中并非由于招标人的过错而出现延误、丢失或者错投，致使中标人没有在投标有效期终止前收到该中标通知书，招标人则丧失了对中标人的约束权。而规定中标通知书发出即产生法律效力，招标人的上述权利可以得到保护。

3. 中标通知书的主要内容

中标通知书应载明签订合同的时间和地点、提交履约保证金等中标人需要注意或完善的事项等。如需对合同细节进行谈判，中标通知书上需要载明合同谈判的有关安排。

4. 中标通知书的发出主体为招标人

中标通知书是指招标人在确定中标人后向中标人发出的通知其中标的书面凭证。《招标投标法》规定，中标人确定后，招标人应当向中标人发出中标通知书。但是《工程建设项目货物招标投标办法》第五十条规定，"中标通知书应由招标人发出，也可以委托其招标代理机构发出"。如果采购代理机构没有获得招标人授权，则无权发送中标通知书。另外，如果不属于工程建设项目货物招标，还是由招标人或采购人发出为妥。实践中，招标人和招标代理机构联合发出中标通知书的做法也比较常见。

三、防控重点

1. 招标人除发出中标通知书外，还应履行告知义务

根据《招标投标法》第四十五条，中标人确定后，招标人不但应当向中标人发出中标通知书，还应当同时将中标结果通知所有未中标的投标人。确定该义务的目的是让招标人能够接受监督。如果招标人有违法情况，损害中标人以外其他投标人利益，或者其他投标人、利害关系人认为招标投标活动不符合法律、行政法规规定，可以自知道或者应当知道之日起 10 日内向有关行政监督部门投诉，以及时主张自己的权利。

2. 中标通知书应及时发出

根据《招标投标法》第四十六条，招标人和中标人应当自中标通知书发出之日起三十日内，按照招标文件和中标人的投标文件订立书面合同。可见招标人发出中标通知书，即开始起算签订合同的三十日时限。另外，评标和定标应当在投标有效期内完成。因此，考虑到签约时限和投标有效期等多种因素，招标人在投标有效期届满前三十日确定中标人并发出中标通知书较为稳妥。实践中经常碰到签订合同的时限突破三十日的情况。中标通知书发出后超过三十日签订的合同并不必然无效。相关案例和分析将在"合同"章节中作具体表述。

第三节　中标后违法分包、转让，所签订的合同无效

一、案例

案例1：电网建设项目中标后肢解分包签订的合同无效

案号：（2017）川16民终804号

2013年1月1日，某省电力有限公司授权某省电力经济技术研究院对外签订公司综合计划和预算范围内的本单位承担实施的110千伏及以上电网建设项目设计、施工、监理等合同。2013年6月4日，某美电力公司通过招标投标中心招标，获得2013年非物资类第五批集中规模招标项目某110千伏线路工程（Ⅰ标段）施工。2013年6月24日，某美电力公司与某省电力有限公司签订输变电工程施工合同，该合同约定，由某美电力公司承建某110千伏线路工程（Ⅰ标段）施工任务，合同总工期198天，开工日期为2013年6月15日，竣工日期为2013年12月30日，合同价款24093588元。

2013年8月20日，某美电力公司与岳某公司签订建设工程施工框架协议，协议约定，某美电力公司将承包的某110千伏线路工程（Ⅰ标段）中的某110千伏线路N1051-N1101的所有工作内容（包括土石方、基础、接地、杆搭、架线、附件等附属工程）分包给岳某公司施工。后双方因工程款支付等涉讼。

一审法院认为，某美电力公司于2013年6月4日通过招标投标程序，中标省电力有限公司的“某110千伏线路工程（Ⅰ标段）”施工建设后，将该工程肢解为N1001-N1050号及N1051-N1101号两部分工程，将其中N1001-N1050号工程分包给某省工程建设有限公司施工，将N1051-N1101号工程分包给岳某公司施工，其行为违反了相关法律、行政法规的强制性规定。确认某美电力公司与岳某公司签订的建设工程施工框架协议属无效合同。二审维持该项认定。

案例2：输变电工程名为劳务分包实为施工分包，合同无效

案号：（2017）川33民终26号

2011年9月6日，经过公开招标，某电力超高压建设管理公司将某

220 千伏线路新建工程发包给江某送变电公司并签订线路新建工程施工承包合同。江某送变电公司与被告中某公司签订线路新建工程基础施工合同、线路新建工程铁塔组立施工合同。被告中某公司将线路新建工程基础施工、铁塔组立劳务分包给原告南某公司。工程验收合格并于 2014 年 1 月成功送电，南某公司与中某公司于 2014 年 6 月 10 日进行结算，但中某公司未按合同约定付清工程款。江某送变电公司与中某公司已完成结算，并已付清工程款。2015 年 5 月 28 日，南某公司通过企业询证函与中某公司确认中某公司尚欠南某公司 2332747 元。

一审法院认为，劳务分包是指工程承包人将其承包工程中的劳务作业进行发包。劳务作业主要包含木工、抹灰、油漆、焊接、脚手架、混凝土等，劳务费用一般是通过工日单价和工日总数量进行费用结算，不发生主要材料等费用的结算。中某公司与南某公司签订线路新建工程基础施工分包合同，将人工挖孔桩基础、人工挖孔桩护壁、大开挖基础、护坡、堡坎等工程交南某公司完成，并在双方结算时以工程单价乘以工程方量确定合同总价款。其实质是一份施工合同，并非劳务分包合同。结合江某送变电公司与中某公司签订的线路新建工程基础施工合同内容可见，中某公司是将应自行完成的工程分包给南某公司。确认中某公司与南某公司签订的线路新建工程基础施工分包合同、线路新建工程施工劳务分包合同无效。二审维持该认定。

案例 3：输变电工程中标单位将主体工程分包，合同无效

案号：（2018）鲁 10 民终 1794 号

2012 年 10 月，某铁公司与太某重工公司签订承包合同，某铁公司承包某 220 千伏线路工程，该工程原系新能源有限公司经招投标程序发包给太某重工公司。现涉案工程已经竣工验收，并投入使用，经结算工程造价审定价款为 18923248 元。太某重工公司已支付工程款 16923248 元。

一审法院认为，中标人应当按照合同约定履行义务完成中标项目，中标人不得向他人转让中标项目，也不得将中标项目肢解后分别向他人转让。因此，太某重工公司将中标项目发包给某铁公司，违反了法律的强制性规定，双方所签订施工合同属于无效合同。由于双方合同无效，对逾期付款利息等其他约定均无效，因此太某重工公司认为某铁公司违约并要求扣减违约金、按银行活期存款利息支付逾期付款利息等抗辩理

由，不予采信。二审法院认为，诉争220千伏线路工程属于太某重工公司总承包工程中的主体工程或关键性工程，故维持认定太某重工公司与某铁公司签订的分包合同无效。

案例4： 工程转包给无资质个人施工的转包行为无效

案号：（2018）鲁09民终3758号

2016年6月3日，某集团公司2016年电源项目第二次服务招标采购，被告某甸公司与某山抽水蓄能电站签订物资仓库工程施工合同，2016年12月29日双方签订补充协议。2016年10月16日，被告某甸公司与原告田某签订某山抽水蓄能电站物资仓库工程施工合同，约定合同工程量：除基坑以外的所有工程。原告陈述于2016年8月进入工地开始施工，2016年10月份补签的合同。在施工过程中，因工程款支付等原因，原告完成主体浇筑后暂停施工。后诉至法院。

一审法院认为，某甸公司擅自将承包工程转包给没有相应资质的个人进行施工，应认定原告田某与某甸公司的转包行为无效。二审维持该认定。

案例5： 中标后转让工程，中标人及受让方与招标人签订的合同均无效

案号：（2019）宁05行终8号

2014年7月7日，被告某市交通运输局对某区公交线路候车亭向社会公开招标。2014年8月12日公布第一标段的中标人是优某文化传媒有限公司。2014年10月18日，市交通运输局就招标项目与优某文化传媒有限公司、诚某公司分别签订了公交候车亭建设经营协议。

一审认为：市交通运输局明知涉案工程由中标人优某广告传媒有限公司转让给诚某公司建设，却仍与诚某公司签订公交候车亭建设经营协议，将涉案工程交由诚某公司建设经营，明显违法。判决确认市交通运输局与诚某公司2014年10月8日签订的两份公交候车亭建设经营协议无效。二审维持原判。

二、法律分析

（一）关键法条

《合同法》

第二百七十二条 发包人可以与总承包人订立建设工程合同，也可

以分别与勘察人、设计人、施工人订立勘察、设计、施工承包合同。发包人不得将应当由一个承包人完成的建设工程肢解成若干部分发包给几个承包人。

总承包人或者勘察、设计、施工承包人经发包人同意，可以将自己承包的部分工作交由第三人完成。第三人就其完成的工作成果与总承包人或者勘察、设计、施工承包人向发包人承担连带责任。承包人不得将其承包的全部建设工程转包给第三人或者将其承包的全部建设工程肢解以后以分包的名义分别转包给第三人。

禁止承包人将工程分包给不具备相应资质条件的单位。禁止分包单位将其承包的工程再分包。建设工程主体结构的施工必须由承包人自行完成。

《建筑法》

第二十八条　禁止承包单位将其承包的全部建筑工程转包给他人，禁止承包单位将其承包的全部建筑工程肢解以后以分包的名义分别转包给他人。

《招标投标法》

第三十条　投标人根据招标文件载明的项目实际情况，拟在中标后将中标项目的部分非主体、非关键性工作进行分包的，应当在投标文件中载明。

第四十八条　中标人应当按照合同约定履行义务，完成中标项目。中标人不得向他人转让中标项目，也不得将中标项目肢解后分别向他人转让。

中标人按照合同约定或者经招标人同意，可以将中标项目的部分非主体、非关键性工作分包给他人完成。接受分包的人应当具备相应的资格条件，并不得再次分包。

中标人应当就分包项目向招标人负责，接受分包的人就分包项目承担连带责任。

第五十八条　中标人将中标项目转让给他人的，将中标项目肢解后分别转让给他人的，违反本法规定将中标项目的部分主体、关键性工作分包给他人的，或者分包人再次分包的，转让、分包无效，处转让、分包项目金额千分之五以上千分之十以下的罚款；有违法所得的，并处没收违法所得；可以责令停业整顿；情节严重的，由工商行政管理机关吊销营业执照。

《招标投标法实施条例》

第五十九条 中标人应当按照合同约定履行义务，完成中标项目。中标人不得向他人转让中标项目，也不得将中标项目肢解后分别向他人转让。

中标人按照合同约定或者经招标人同意，可以将中标项目的部分非主体、非关键性工作分包给他人完成。接受分包的人应当具备相应的资格条件，并不得再次分包。

中标人应当就分包项目向招标人负责，接受分包的人就分包项目承担连带责任。

第七十六条 中标人将中标项目转让给他人的，将中标项目肢解后分别转让给他人的，违反招标投标法和本条例规定将中标项目的部分主体、关键性工作分包给他人的，或者分包人再次分包的，转让、分包无效，处转让、分包项目金额5‰以上10‰以下的罚款；有违法所得的，并处没收违法所得；可以责令停业整顿；情节严重的，由工商行政管理机关吊销营业执照。

《最高人民法院关于审理建设工程施工合同纠纷案件适用法律问题的解释》

第四条 承包人非法转包、违法分包建设工程或者没有资质的实际施工人借用有资质的建筑施工企业名义与他人签订建设工程施工合同的行为无效。人民法院可以根据民法通则第一百三十四条规定，收缴当事人已经取得的非法所得。

（二）要点简析

1. 合法分包应满足两个条件

一是分包的范围和资质应合法。根据《合同法》及相关法律法规，总承包人或者勘察、设计、施工承包人经发包人同意，可以将自己承包的部分工作交由第三人完成。即总承包人既可以自行实施全部工程，也可以将承包中的非关键、非主体工程分包给具有相应资质的分包单位。

根据《建筑业企业资质标准》（建市〔2014〕159号），施工总承包企业资质包括电力工程施工、建筑工程施工等12个类别四个等级。施工分包分为专业分包和劳务分包。其中专业分包是指施工承包商将其所承包工程中的专业工程发包给具有相应资质等级的专业分包商完成的活动。专业承包企业资质分为输变电工程、预拌混凝土、电子与智能化工程、隧道工程、模板脚手架、建筑幕墙工、古建筑工程、城市及道路照明工程、水工金属结构制作与安装等 36 种三个等级。劳务分包是指施工承包商或者专业承包商将其承包工程中的劳务作业发包给具有相应资质等级的劳务分包商完成的活动。劳务分包的劳务费用一般是通过工日单价和工日总数量进行费用结算，不发生主要材料等费用的结算。如本节案例 4 中，某公司与南某公司签订《某 220 千伏线路新建工程基础施工分包合同》，将人工挖孔桩基础、人工挖孔桩护壁、大开挖基础、护坡、堡坎等工程交给南某公司完成，并在双方结算时以工程单价乘以工程方量确定合同总价款，其实质是一份施工合同，并非劳务分包合同。

二是分包应经过发包单位的同意。投标人根据招标文件载明的项目实际情况，拟在中标后将中标项目的部分非主体、非关键性工作进行分包的，应当在投标文件中载明。中标人与招标人在合同中约定，或者经招标人同意后，才可以将中标项目的部分非主体、非关键性工作分包给他人完成。接受分包的人应当具备相应的资格条件，并不得再次分包。如果分包事项在施工承包合同中无约定，施工承包商必须经建设单位同意后方可进行施工分包。

2. 有关承包的禁止性规定

一是禁止违法发包。根据《建筑工程施工发包与承包违法行为认定查处管理办法》（建市规〔2019〕1 号）第六条，违法发包的情况有：①建设单位将工程发包给个人的；②建设单位将工程发包给不具有相应资质的单位的；③依法应当招标未招标或未按照法定招标程序发包的；④建设单位设置不合理的招标投标条件，限制、排斥潜在投标人或者投标人的；⑤建设单位将一个单位工程的施工分解成若干部分发包给不同的施工总承包或专业承包单位的。

二是禁止非法转包。根据《建筑工程施工发包与承包违法行为认定查处管理办法》（建市规〔2019〕1 号）第八条，存在下列情形之一的，应当认定为转包，但有证据证明属于挂靠或者其他违法行为的除外：①承包单位将其承包的全部工程转给其他单位（包括母公司承接建筑工程后将所承接工程交由具有独立法人资格的子公司施工的情形）或个人施工的；②承包单位将其承包的全部工程肢解以后，以分包的名义分别转给其他单位或个人施工的；③施工总承包单位或专业承包单位未派驻项目负责人、技术负责人、质量管理负责人、安全管理负责人等主要管理人员，或派驻的项目负责人、技术负责人、质量管理负责人、安全管理负责人中一人及以上与施工单位没有订立劳动合同且没有建立劳动工资和社会养老保险关系，或派驻的项目负责人未对该工程的施工活动进行组织管理，又不能进行合理解释并提供相应证明的；④合同约定由承包单位负责采购的主要建筑材料、构配件及工程设备或租赁的施工机械设备，由其他单位或个人采购、租赁，或施工单位不能提供有关采购、租赁合同及发票等证明，又不能进行合理解释并提供相应证明的；⑤专业作业承包人承包的范围是承包单位承包的全部工程，专业作业承包人计取的是除上缴给承包单位"管理费"之外的全部工程价款的；⑥承包单位通过采取合作、联营、个人承包等形式或名义，直接或变相将其承包的全部工程转给其他单位或个人施工的；⑦专业工程的发包单位不是该工程的施工总承包或专业承包单位的，但建设单位依约作为发包单位的除外；⑧专业作业的发包单位不是该工程承包单位的；⑨施工合同主体之间没有工程款收付关系，或者承包单位收到款项后又将款项转拨给其他单位和个人，又不能进行合理解释并提供材料证明的。两个以上的单位组成联合体承包工程，在联合体分工协议中约定或者在项目实际实施过程中，联合体一方不进行施工也未对施工活动进行组织管理的，并且向联合体其他方收取管理费或者其他类似费用的，视为联合体一方将承包的工程转包给联合体其他方。

从以上情形判断，工程范围和工程款的对比是认定转包的主要依据之一。

三是禁止违法分包。违法分包的情形主要有：①承包单位将其承包的工程分包给个人的；②施工总承包单位或专业承包单位将工程分包给不具备相应资质单位的；③施工总承包单位将施工总承包合同范围内工程主体结构的施工分包给其他单位的，钢结构工程除外；④专业分包单位将其承包的专业工程中非劳务作业部分再分包的；⑤专业作业承包人将其承包的劳务再分包的；⑥专业作业承包人除计取劳务作业费用外，还计取主要建筑材料款和大中型施工机械设备、主要周转材料费用的。

《建筑工程施工发包与承包违法行为认定查处管理办法》（建市规〔2019〕1号）对违法转包、分包等情况的认定较为全面、具体。虽然该办法明确适用范围是指房屋建筑和市政基础设施工程及其附属设施和与其配套的线路、管道、设备安装工程，没有明确大型输变电工程是否完全适用，但相关的情形对输变电工程项目有很强的适用性和参考性。

综上所述，以输变电工程为例，不同电压等级的输变电工程允许相应资质等级的单位，以电力工程施工总承包或输变电工程专业承包的方式承建。承建单位可以将承包中的非关键、非主体工程分包给具有相应资质的分包单位，但不允许整体转包，不允许肢解分包，禁止分包单位再分包。此外，分包专业工程应经过业主单位的同意。

三、防控重点

高压输电线路工程是电力工程的重要组成部分，其施工安全性及施工质量直接影响线路运行的安全与效率，进而影响人民生活、生产等各个方面，故我国对输变电工程实行相应较为严格的管理。

1. 严格规范输变电工程投标人的资格审查

承包单位的项目负责人、技术负责人、造价员、施工员、质检员、安全员、材料员等主要管理人员必须为本单位在岗工作人员，以单位近三个月的工资花名册、养老保险花名册及社保证明加盖公章、在岗考勤表为准，否则不得通过资格审查。对无资质或资质不合格队伍采用资质借用、挂靠等手段参与投标或取得专业分包和劳务分包的，应坚决抵制。

2. 严格规范输变电工程过程管控

建设单位（业主项目部）要按照审查批准的施工承包商的分包计划和资质报审文件，动态核查分包单位管理情况，按规定定期组织开展分包检查，及时纠正违法行为。严禁在合同履行过程中更换主要管理人员。确需更换的，必须经业主单位书面同意。对管理水平差、人员素质低、不服从管理的分包商及违反规定的施工承包商，应责令其改进或停工整顿，直至解除合同，并追究其违约责任。

3. 建立承包单位诚信档案及市场准入和退出机制

电网投资项目建设单位应在工程招标文件和施工承包合同中明确对

施工承包商、专业分包商、劳务分包商等分包管理要求，如不允许分包的工程项目及范围、分包金额限制、分包商准入条件等，强调主体工程不得专业分包。业主单位应建立统一的承包单位信用数据库，实现企业信用信息的查询、交流和共享。合同执行过程中如发现供应商擅自分包、转包行为，应严格按照合同违约条款进行处理。对擅自分包、转包的供应商，以及擅自接受分包、转包的供应商应一并列入不诚信供应商名单，并与后续的招标采购工作进行联动。

第五章　合　　同

第一节　中标后任意一方拒绝签合同都应承担缔约过失责任

一、案例

案例 1：中标通过书发出后项目变更，应承担相关费用

案号：（2017）浙 0225 民初 6214 号

2013 年 7 月，被告某供电公司为电力调度生产用房项目所需，征集建筑设计方案。原告某设计公司参与征集并于 2013 年 8 月提交设计成果。后电力调度生产用房设计项目公开招投标，原告参与投标，于 2014 年 11 月提交投标文件，并于 2014 年 11 月 19 日收到中标通知书。但原、被告一直未订立书面合同。原告诉至法院要求被告支付设计费。被告供电公司生产综合楼项目于 2017 年 8 月 1 日获得批复。

法院经审查认为，本案原、被告未签订合同，故双方间设计合同并未成立。电力调度生产用房项目和生产综合楼项目，确系两个不同项目，前者于 2012 年 11 月批复建设，但于 2013 年 12 月被上级发文停建，某供电公司虽于 2014 年就该项目的设计展开招投标，但项目未能开工建设，实系已取消。而后者于 2017 年 8 月经由某集团公司批复建设，两个项目的建设规模、功能、投资预算等均大不相同，且后者也就项目设计开展招投标，并非前者的设计方案调整后即可用于后者。故原告以其应被告要求而调整设计方案为由，主张被告支付电力调度生产用房项目的设计费依据不足。判决被告支付原告电力调度生产用房项目设计成本费 60000 元及利息损失。二审以调解方式结案。

案例 2：公布中标候选人后无正当理由终止招标，应承担缔约过失责任

案号：（2018）赣 0111 民初 2649 号

2018 年 5 月 24 日，被告某省电力公司采购防鸟设备经招标，公布原告大某公司为中标第一候选，平均单价约 292.7 元。2018 年 6 月 22 日，被告发布中标结果公告招标失败。招标采购防鸟设备终止招标后，

电力公司于2018年8月2日至3日，采用竞争性谈判方式完成采购，最终确定采购供应商是银某材料有限公司，采购单价221.9元。庭审中，电力公司称大某公司存在抬高中标价格的行为。

法院认为：电力公司经评标后确定大某公司为中标候选人。原告作为中标候选人有理由相信被告将据此与其签订买卖合同，对此具有信赖利益；被告终止招标导致原告丧失依据评标结果签订买卖合同的机会，应当承担相应缔约过失责任，对原告因此产生的损失应予以赔偿。判决电力公司赔偿大某公司缔约损失3628元。

案例3：中标人以百姓阻工为由拒签合同，应承担缔约过失责任

案号：（2019）皖03行终47号

2017年12月12日，某物流园区项目在某市公共资源交易中心开标，原告某钢公司中标。2018年1月19日，招标人发出中标通知书。2018年5月2日，招标人向被告某市公共资源交易监督管理局递交关于中标人拒不履约情况的报告，称中标人一直未按招标文件要求与其签订建设合同，也未按招标文件规定支付履约保证金，申请被告约谈中标人说明情况，否则将按招标文件规定没收其投标保证金。2018年6月4日，被告作出行政处罚决定书，决定对某钢公司处中标项目金额千分之五的罚款，并取消中标资格，投标保证金不予退还。原告不服提起诉讼。

一审法院认为，被告在作出行政处罚决定前已向原告送达了行政处罚事先告知书，告知原告进行陈述、申辩或要求听证的权利，庭审中，原告亦认可收到行政处罚事先告知书，但原告在规定的期限内放弃了陈述和申辩的权利，原告提出被告未履行告知义务程序违法的理由不能成立。原告提出因百姓阻止不让进现场施工而未与招标人签订合同，但其未提交相应的证据予以证明。被告作出的行政处罚决定书，证据确凿，适用法律正确，程序合法。判决驳回原告的诉讼请求。二审维持原判。

案例4：中标人要求变更计价依据拒签合同，保证金不予退还

案号：（2019）川06民终81号

原告于2017年7月20日收到了被告发出的中标通知书。2017年7月24日，原告向被告出具了银行履约保函。2017年7月28日，原告向被告发函，要求对工程材料调差价。被告在2017年8月1日回函要求原告在中标通知书发出之日起30日内订立书面合同，否则投标保证金将不

予退还。2017 年 8 月 11 日至 2017 年 11 月 21 日期间，原告向被告三次发函，以材料价格超过投标同期价格 20%为由，请求与被告协商工程价款和合同内容。2017 年 12 月 1 日，被告向原告发函，决定取消原告的中标资格，没收投标保证金。

审法院认为，案涉招投标文件内容涵盖施工合同条款及格式，原告在投标时承诺投标有效期内不修改、撤销投标文件，并承诺投标文件中的权利义务符合“第四章合同条款及格式”的相关规定。原告在收到被告的中标通知后，不仅未按投标文件向被告递交符合要求和承诺的合同文本，且在原告递交合同文本前后均向被告要求调整工程价款，重新商定施工合同内容。原告向被告递交不符合投标文本的施工合同，该行为是对招投标文件实质内容的重大修改。判决驳回原告诉讼请求。二审维持原判。

案例 5：招标人因设计方案变更未谈妥拒不签订合同，应赔偿损失

案号：（2019）皖 01 民终 2908 号

2017 年 10 月，某县青少年校外活动中心 7D 影院采购项目进行公开招标。原告意某电子公司参与投标并以 72 万元的价格中标。2017 年 12 月 22 日，县公共资源交易中心向意某电子公司发出中标通知书，确定其中标资格及中标金额，并告知于收到中标通知书后 30 日内与采购人即县青少年校外活动中心（被告）签订合同并办理相关事宜等。

中标通知书附件载明：电动座椅 36 张四组座，另对于其他参数、技术指标等均有明确约定。因双方就合同履行的细节问题进行磋商一直未能达成一致意见，合同未在法定期限内签订。意某电子公司诉至法院要求被告退还投标保证金并赔偿损失 34140 元。双方对哪一方拒签合同各执一词。

一审法院认为，双方目前仍未签订书面合同造成的损失是否应由招标人承担赔偿责任，首先，中标人主张的损失项目包括购买招标文件电子档案费、商务标编制劳务费、技术标编制劳务费、招标服务费、投标保证金等，部分属于投标过程中必要支出的费用，部分属于可退还项目，均不属于损失。其次，庭审中招标人明确表示愿意完全按招标文件内容签订合同，而中标人明确表示拒绝。再次，即使一方在磋商的过程中，存在中标人所述的要求变更招标合同、允许中标单位之外的第三方参与

施工等情形，另一方可根据《招标投标法》的规定，向相关行政监管部门反映，相关行政监管部门对存在的违法行为可给予责令整改或罚款的行政处罚。判决驳回意某电子公司全部诉讼请求。

二审院认为，在招投标过程中，招标人相对投标人处于优势地位，如投标人中标后无正当理由拒不签订合同，招标人可直接依照招投标相关法律法规采取取消中标人中标资格、没收投标保证金等手段维护自身权益。依据高度盖然性原则，认定系招标人在投标人中标后无正当理由拒不签订书面合同。判决县青少年校外活动中心因违反先合同义务致案涉招投标买卖合同未能成立，应赔偿意某电子公司的各项损失合计10640元。

二、法律分析

（一）关键法条

《合同法》

第四十二条　当事人在订立合同过程中有下列情形之一，给对方造成损失的，应当承担损害赔偿责任：

（一）假借订立合同，恶意进行磋商；

（二）故意隐瞒与订立合同有关的重要事实或者提供虚假情况；

（三）有其他违背诚实信用原则的行为。

第四十三条　当事人在订立合同过程中知悉的商业秘密，无论合同是否成立，不得泄露或者不正当地使用。泄露或者不正当地使用该商业秘密给对方造成损失的，应当承担损害赔偿责任。

第一百一十三条　当事人一方不履行合同义务或者履行合同义务不符合约定，给对方造成损失的，损失赔偿额应当相当于因违约所造成的损失，包括合同履行后可以获得的利益，但不得超过违反合同一方订立合同时预见到或者应当预见到的因违反合同可能造成的损失。

经营者对消费者提供商品或者服务有欺诈行为的，依照《中华人民共和国消费者权益保护法》的规定承担损害赔偿责任。

《招标投标法》

第四十六条　招标人和中标人应当自中标通知书发出之日起三十日内，按照招标文件和中标人的投标文件订立书面合同。招标人和中标人不得再行订立背离合同实质性内容的其他协议。

招标文件要求中标人提交履约保证金的，中标人应当提交。

第五十九条 招标人与中标人不按照招标文件和中标人的投标文件订立合同的，或者招标人、中标人订立背离合同实质性内容的协议的，责令改正；可以处中标项目金额千分之五以上千分之十以下的罚款。

第六十条 中标人不履行与招标人订立的合同的，履约保证金不予退还，给招标人造成的损失超过履约保证金数额的，还应当对超过部分予以赔偿；没有提交履约保证金的，应当对招标人的损失承担赔偿责任。

中标人不按照与招标人订立的合同履行义务，情节严重的，取消其二年至五年内参加依法必须进行招标的项目的投标资格并予以公告，直至由工商行政管理机关吊销营业执照。

因不可抗力不能履行合同的，不适用前两款规定。

《招标投标法实施条例》

第五十七条 招标人和中标人应当依照招标投标法和本条例的规定签订书面合同，合同的标的、价款、质量、履行期限等主要条款应当与招标文件和中标人的投标文件的内容一致。招标人和中标人不得再行订立背离合同实质性内容的其他协议。

招标人最迟应当在书面合同签订后5日内向中标人和未中标的投标人退还投标保证金及银行同期存款利息。

第七十三条 依法必须进行招标的项目的招标人有下列情形之一的，由有关行政监督部门责令改正，可以处中标项目金额10‰以下的罚款；给他人造成损失的，依法承担赔偿责任；对单位直接负责的主管人员和其他直接责任人员依法给予处分：

（一）无正当理由不发出中标通知书；

（二）不按照规定确定中标人；

（三）中标通知书发出后无正当理由改变中标结果；

（四）无正当理由不与中标人订立合同；

（五）在订立合同时向中标人提出附加条件。

第七十四条 中标人无正当理由不与招标人订立合同，在签订合同时向招标人提出附加条件，或者不按照招标文件要求提交履约保证金的，取消其中标资格，投标保证金不予退还。对依法必须进行招标的项目的中标人，由有关行政监督部门责令改正，可以处中标项目金额 10‰以下的罚款。

第七十五条 招标人和中标人不按照招标文件和中标人的投标文件订立合同，合同的主要条款与招标文件、中标人的投标文件的内容不一致，或者招标人、中标人订立背离合同实质性内容的协议的，由有关行政监督部门责令改正，可以处中标项目金额 5‰以上 10‰以下的罚款。

（二）要点简析

1. 缔约过失责任的概念

所谓缔约过失责任，是指在合同订立过程中，一方当事人因违背诚实信用原则而负有的先合同义务，导致合同不成立，或者合同虽然成立，但不符合法定的生效条件而被确认无效、被变更或被撤销，给对方造成损失时所应承担的民事责任。先合同义务，又称先契约义务或缔约过程中的附随义务，是指自缔约当事人因签订合同而相互接触磋商，至合同有效成立之前，双方当事人依诚实信用原则负有协助、通知、告知、保护、照管、保密、忠实等义务。

《合同法》规定的缔约过失责任情形主要有：①假借订立合同，恶意进行磋商；②故意隐瞒与订立合同有关的重要事实或者提供虚假情况；③有其他违背诚实信用原则的行为；④合同签订过程中泄露或者不正当地使用在订立合同过程中知悉的商业秘密。

2. 招投标缔约过失责任的情形

招标人的缔约过失责任主要有：中标通知书发出后无正当理由改变中标结果、无正当理由不与中标人订立合同、在订立合同时向中标人提出附加条件或者变更合同的实质性内容，即招标人迫使中标人接受招标文件以外的条件导致合同未签订的，应承担缔约过失责任。

中标人的缔约过失责任主要有：无正当理由不与招标人订立合同，在签订合同时向招标人提出附加条件，或者不按照招标文件要求提交履约保证金而导致合同不能如约签订。如在最低价中标的招标项目中，中标人以不合理低价抢标后又不愿意签订合同。本节案例 4 的中标人即以材料价格超过投标同期价格 20%为由要求变更合同价格，最终导致合同未签订。

除合同磋商阶段拒不签订合同的情形外，整个招投标活动中应承担缔约过失责任的还有串标、低于成本价投标、以他人名义投标或者以其他方式弄虚作假骗取中标等，导致中标无效的，也应承担相应的赔偿责任。

3. 缔约过失责任损失赔偿的范围

《合同法》第一百一十三条对合同成立后不正确履行情况下的损害赔偿范围作了明确的规定，即直接损失和可得利益损失，但对缔约过失这种合同尚未成立情况下的损害赔偿范围未作明确规定。一般说来，在赔偿范围上，缔约过失责任小于合同责任，因为履行合同所产生的利益（履行利益）较信赖合同有效成立所带来的利益（信赖利益）大。故缔约过失责任的赔偿范围按照“无损失，无责任”原则，一般仅赔偿信赖利益中的直接损失，如为了订约而赴实地考察所支付的费用、运送标的物至购买方所支付的合理费用、编制投标文件费用等。对因履行合同产生的可得利益损失一般不予认可。如本节案例 5，法院认定中标人购买招标文件、编制投标文件费用等属于中标人为获得交易机会而付出的交易成本，不属于未能签订合同造成的损失；中标服务费因未能签订合同而不能实现投标目的，应由招标人赔偿该项损失；编制方案费用、为准备履行合同支出的费用、与业主沟通方案产生的费用也酌定由招标人赔偿。

4. 招标投标缔约过失行为的行政责任

依法必须进行招标的项目，招标人存在中标通知书发出后无正当理由改变中标结果、无正当理由不与中标人订立合同、在订立合同时向中标人提出附加条件等导致合同未签订时，不仅应承担损失赔偿责任，还应承担行政责任，即有关行政监督部门责令改正，可以处中标项目金额10‰以下的罚款，对单位直接负责的主管人员和其他直接责任人员依法给予处分。

中标人无正当理由不与招标人订立合同，在签订合同时向招标人提出附加条件，或者不按照招标文件要求提交履约保证金的，取消其中标资格，投标保证金不予退还。对依法必须进行招标的项目的中标人，由有关行政监督部门责令改正，可以处中标项目金额 10‰以下的罚款。如本节案例 1，中标人不仅被取消中标资格，投标保证金不予退还，还被行政机关处以中标项目金额千分之五的罚款。

三、防控重点

1. 完整留存己方投入实际费用和成本的证据

招标投标是一种程序要求较为严格的合同缔约过程，招标人和投标人不但要遵守《招标投标法》《招标投标法实施条例》等招标投标相关法律、法规的规定，还应当遵循诚实信用原则开展合同缔约。招标人不当终止招标、随意变更中标人、不按中标结果签订合同以及投标人弄虚作假、虚假投标等不诚信行为都可能导致承担相应的缔约过失责任。招投标双方在招投标活动中投入了较大的人力、物力成本，为了保障在信赖利益受损的情况下可以客观证明实际损失，招标人和投标人应当及时完整地留存己方投入实际费用和成本的证据，以保障自身的合法权益。

2. 真实客观地向对方表达自己的意思表示

招标人和中标人应当按照招标文件和中标人的投标文件订立合同，合同的主要条款与招标文件、中标人的投标文件的内容应当一致，这是招标投标活动切实维护招标人和投标人双方利益的法律基础，是实现招标投标活动预期利益的基本前提。因此，招投标双方都应真实客观地向对方表达自己的意思表示。招投人的招标文件应详细、完善，质量和深度应满足最终签订合同的需要。投标人也不应提供虚假信息，不应隐瞒真实情况，以避免中标后无法按照投标文件订立合同。同时，双方都应善意提醒对方注意某些特别条款，力争消灭双方可能的曲解、误解和歧义，恪守已经做出的意思表示和双方的初步协定，尽责地履行好向对方的告知、协助、保密等义务，为达成合同做出最大的努力。

3. 招标人应合理设置担保责任

《招标投标法实施条例》规定，招标人在招标文件中要求投标人提交投标保证金的，投标保证金不得超过招标项目估算价的 2%，没有规定最低限额。一些地方为了降低市场主体的资金压力，往往设置较低的投标保证金。为了避免投标人假借订立合同，恶意进行磋商、故意隐瞒与订立合同有关的重要事实或者提供虚假情况参与投标，招标人可适当提高投标保证金，以增加投标人恶意磋商、弄虚作假的成本。

此外，《招标投标法实施条例》还规定，中标候选人应当不超过 3 个，并标明排序。排名第一的放弃中标的，因不可抗力不能履约等情形不符合中标条件的，招标人可以按照评标委员会提出的中标候选人名单排序依次确定其他中标候选人为中标人，也可以重新招标。《招标投标法实施条例》规定了中标候选人的个数上限，并未规定下限。中标候选人最好不低于2个，以避免第一中标人不能签订合同后无替补候选人而不得不启动重新招标，影响项目进程。

第二节　逾30天签订或仅违反管理性法律规定的合同仍有效

一、案例

案例1：违反管理性强制性规定而非效力性强制性规定的合同有效

案号：（2018）粤15民终435号

南某管理处与德某公司于2012年2月15日签订旅游区合作开发合同书，约定合作开发经营期间的利益分配按旅游区大门门票收入进行分成。签订合作开发合同后，德某公司对合同项目进行了投资。2013年7月11日，双方重新签订合同书。双方重新签订合同书后，南某管理处已按合同书的约定支付德某公司利益分成款至2016年12月份。尚欠分成款2709867元未付。德某公司诉至法院。

南某管理处提交了一份德某公司建设投入设施、设备移交清单，拟证明德某公司投入的设施设备都是公共基础设施和旅游配套设施，该项目经南某管理处评估，仅值120万元左右，主张双方签订的合同将导致国有资产的流失、损害国家利益。同时，南某管理处主张双方签订合同书之时，未进行资产评估，未办理评估手续，违反了《国有资产评估管理办法》第三条第二款关于国有企业联营、股份经营应进行资产评估的规定，应认定合同无效。再次，南某管理处主张合同中的项目未依法进行招标投标程序，应认定无效。

一审法院认为，上诉人提出所签订的合同因违反法律法规的强制性规定而应为无效，因上诉人所提的法律法规强制性规定属于管理性强制性规定，而非效力性强制性规定，并不影响双方所签订的合同的效力。

上诉人所提的涉案合同违反了《合同法》的公平合理的基本原则，但上诉人已超过行使撤销权的时效。判决：南某管理处给付德某公司收入分成款 2709867 元。二审维持原判。

案例 2：中标通知书发出后超过 30 天签订的合同仍然有效

案号：（2009）浙民终字第 45 号

1999 年 8 月 4 日，涉案项目在招标办、财政局、监察局的现场监督下进行了公开招标，方某公司中标。1999 年 8 月 5 日，某电影公司向方某公司发出了中标通知书。2001 年 1 月 3 日，方某公司与电影公司在市建设工程交易中心签订了一份建设工程施工合同，并经工商行政管理局鉴证。后因工程款支付等成讼。

一审法院认为，涉案工程经政府有关部门立项后，经过招标投标程序，方某公司中标，招标方也向其发出了中标通知书，但双方因故并未及时签订施工合同，期间于 2000 年 11 月 8 日还召开会议进行协商，直到 2001 年 1 月 3 日双方才签订施工合同。该合同体现了双方的真实意思，且经过工商行政管理部门的鉴证。综上，本案施工合同及补充协议应为有效。

二审维持关于《建设工程施工合同》补充协议有效的认定。

二、法律分析

（一）关键法条

《合同法》

第五十二条　有下列情形之一的，合同无效：

（一）一方以欺诈、胁迫的手段订立合同，损害国家利益；

（二）恶意串通，损害国家、集体或者第三人利益；

（三）以合法形式掩盖非法目的；

（四）损害社会公共利益；

（五）违反法律、行政法规的强制性规定。

《最高人民法院关于适用〈中华人民共和国合同法〉若干问题的解释（二）》

第十四条　合同法第五十二条第（五）项规定的“强制性规定”，是指效力性强制性规定。

《招标投标法》

第四十六条 招标人和中标人应当自中标通知书发出之日起三十日内，按照招标文件和中标人的投标文件订立书面合同。招标人和中标人不得再行订立背离合同实质性内容的其他协议。

招标文件要求中标人提交履约保证金的，中标人应当提交。

（二）要点简析

1. 违反管理性强制性规定的合同仍然有效

《合同法》第五十二条规定，违反法律、行政法规的强制性规定的合同无效。即，违反法律、行政法规的强制性规定属于合同无效的法定情形。根据《最高人民法院关于适用〈中华人民共和国合同法〉若干问题的解释（二）》第十四条，《合同法》第五十二条第（五）项规定的“强制性规定”，是指效力性强制性规定。

所谓效力性强制性规定，指法律及行政法规明确规定违反了这些禁止性规定将导致合同无效或者合同不成立的规范；或者是法律及行政法规虽然没有明确规定违反这些禁止性规范后将导致合同无效或者不成立，但是违反了这些禁止性规范后如果使合同继续有效将损害国家利益和社会公共利益的规范。管理性强制性规定，指法律及行政法规没有明确规定违反此类规范将导致合同无效或者不成立，而且违反此类规范后如果使合同继续有效也并不损害国家或者社会公共利益，而只是损害当事人的利益的规范。如本节案例 1，法院认为《国有资产评估管理办法》第三条属于管理性规定而非效力性强制性规定；本案中双方所签订的为合作开发合同，系双方对合作开发经营旅游区行为的约定，不属于建设工程施工合同，不涉及项目工程招投标问题，因此也没有违反关于招投标的效力性强制性规定，因此双方签订的合同有效。

2. 中标通知书发出后超过 30 天签订的合同仍然有效

《招标投标法》第四十六条规定，招标人和中标人应当自中标通知书发出之日起三十日内，按照招标文件和中标人的投标文件订立书面合同。如果招标文件规定了投标有效期，招标人应当在投标有效期内完成评标并与中标人签订合同。如果超过了投标有效期，则投标文件对中标人不再具有法律约束力，中标人有权拒绝签订合同并无须承担违约责任。但是，如果招标人和中标人双方超过三十日还是签订了合同，该合同的效力仍应得到认可。明确这一点很有现实意义。实践中，中标通知书发出后超过三十日再签订合同的情况并不少见。如本节案例2，法院认为，《招标投标法》规定招标人和中标人应当自中标通知书发出之日起三十日内按照招标文件和中标人的投标文件订立书面合同，目的是限定一定时间约束当事人尽快订立合同，并未规定在限定时间内未签订书面合同而导致合同无效的法律后果。因此，并不能仅因双方当事人根据招标文件和中标人的投标文件内容签订的合同超过了该规定时间即认定无效。

第三节　履约保证金应严格按照招标文件的规定交纳或退还

一、案例

案例1： 履约保证金不属于定金不必双倍返还

案号：（2019）川05民终378号

2015年10月26日，某投公司向某卫公司发出中标通知书，确定某卫公司为北部安置点项目勘察、设计标段的中标人。2015年11月23日某卫公司提交履约保证金756400元。合同签订后，某投公司未在合同约定的期限内向某卫公司提供北部安置点项目的基础资料，且在2016年2月14日某投公司的上级主管部门决定暂缓实施北部安置点项目勘察设计工作后，某投公司及时通知某卫公司停止勘察设计工作，至此某卫公司还未进入北部安置点项目的施工现场开展勘察工作。2016年12月13日，某投公司将履约保证金退回某卫公司。某卫公司诉至法院主张以交缴的履约保证金的金额支付双倍违约金。

一审法院认为，履约保证金不属于定金，不具有双倍返还的性质，合同中也没有某投公司违约应双倍返还履约保证金的约定，某卫公司主张的违约金不能成立。二审维持关于履约保证金部分的判决。

案例2： 未按规定支付履约保证金，投标保证金不予退还

案号：（2019）皖03行终47号

2017年12月12日，某物流园区项目在市公共资源交易中心开标，

原告某钢公司中标。2018 年 1 月 19 日，招标人发出中标通知书。2018 年 5 月 2 日，招标人向被告市公共资源交易监督管理局递交一份《关于中标人拒不履约情况的报告》称中标人未按招标文件规定支付履约保证金，申请被告约谈中标人说明情况，否则将按招标文件规定没收其投标保证金。2018 年 6 月 4 日，被告作出行政处罚决定书，决定对某钢公司处中标项目金额千分之五的罚款，并取消中标资格，投标保证金不予退还。原告不服，遂向法院提起诉讼。

一审法院认为，原告在规定的期限内放弃了陈述和申辩的权利。原告提出因百姓阻止不让进现场施工而未与招标人签订合同，但其未提交相应的证据予以证明。被告作出的《行政处罚决定书》，证据确凿，适用法律正确，程序合法。判决驳回原告的诉讼请求。二审驳回上诉，维持原判。

案例 3：不按招标文件提交履约保证金视为放弃中标

案号：（2016）川 15 民终 984 号

2015 年 4 月 29 日，被告资源交易中心就义务教育阶段学生作业本公开招标，招标文件规定投标保证金不能转为履约保证金，履约保证金应在领取成交通知书时（合同签订前）交纳。原告川某公司被确定为中标供应商。之后，原告派工作人员到被告资源交易中心领取中标通知书，被告资源交易中心告知“应先交履约保证金才发中标通知书”，并于 2015 年 7 月 20 日书面通知原告川某公司于 7 月 23 日交纳履约保证金并领取中标通知书。

2015 年 7 月 28 日，原告以无法确定履约保证金金额和应在签订采购合同时交纳履约保证金为由，函告被告资源交易中心先发放中标通知书，双方由此产生争议。

一审法院认为，虽然公开招标结果公告中只有中标单价，中标总金额在领取中标通知书时不能确定，但招标文件明确赋予了被告解释权，被告要求履约保证金按招标文件最高限价的 5%交纳，金额是确定的，且不违反法律规定。本案中的招标文件已明确载明了应先交纳履约保证金，凭交纳履约保证金票据领取中标通知书，该文字表述意思清楚，原告没有按招标文件交纳履约保证金，应视为放弃中标。判决驳回原告的诉讼请求。二审维持原判。

二、法律分析

（一）关键法条

《招标投标法》

第四十六条 招标人和中标人应当自中标通知书发出之日起三十日内，按照招标文件和中标人的投标文件订立书面合同。招标人和中标人不得再行订立背离合同实质性内容的其他协议。

招标文件要求中标人提交履约保证金的，中标人应当提交。

第六十条 中标人不履行与招标人订立的合同的，履约保证金不予退还，给招标人造成的损失超过履约保证金数额的，还应当对超过部分予以赔偿；没有提交履约保证金的，应当对招标人的损失承担赔偿责任。

中标人不按照与招标人订立的合同履行义务，情节严重的，取消其二年至五年内参加依法必须进行招标的项目的投标资格并予以公告，直至由工商行政管理机关吊销营业执照。

因不可抗力不能履行合同的，不适用前两款规定。

《招标投标法实施条例》

第五十五条 国有资金占控股或者主导地位的依法必须进行招标的项目，招标人应当确定排名第一的中标候选人为中标人。排名第一的中标候选人放弃中标、因不可抗力不能履行合同、不按照招标文件要求提交履约保证金，或者被查实存在影响中标结果的违法行为等情形，不符合中标条件的，招标人可以按照评标委员会提出的中标候选人名单排序依次确定其他中标候选人为中标人，也可以重新招标。

第五十八条 招标文件要求中标人提交履约保证金的，中标人应当按照招标文件的要求提交。履约保证金不得超过中标合同金额的10%。

第六十六条 招标人超过本条例规定的比例收取投标保证金、履约保证金或者不按照规定退还投标保证金及银行同期存款利息的，由有关行政监督部门责令改正，可以处5万元以下的罚款；给他人造成损失的，依法承担赔偿责任。

第七十四条 中标人无正当理由不与招标人订立合同，在签订合同时向招标人提出附加条件，或者不按照招标文件要求提交履约保证金的，取消其中标资格，投标保证金不予退还。对依法必须进行招标的项目的中标人，由有关行政监督部门责令改正，可以处中标项目金额10‰以下的罚款。

《评标委员会和评标方法暂行规定》

第四十八条 使用国有资金投资或者国家融资的项目，招标人应当确定排名第一的中标候选人为中标人。排名第一的中标候选人放弃中标、因不可抗力提出不能履行合同，或者招标文件规定应当提交履约保证金而在规定的期限内未能提交的，招标人可以确定排名第二的中标候选人为中标人。

排名第二的中标候选人因前款规定的同样原因不能签订合同的，招标人可以确定排名第三的中标候选人为中标人。

招标人可以授权评标委员会直接确定中标人。

《工程建设项目施工招标投标办法》

第六十二条 招标人和中标人应当在投标有效期内并在自中标通知书发出之日起三十日内，按照招标文件和中标人的投标文件订立书面合同。招标人和中标人不得再行订立背离合同实质性内容的其他协议。

招标人要求中标人提供履约保证金或其他形式履约担保的，招标人应当同时向中标人提供工程款支付担保。

招标人不得擅自提高履约保证金，不得强制要求中标人垫付中标项目建设资金。

（二）要点简析

1. 招标人应按规定收取履约保证金

履约保证金的比例是有规定的，一般情况下工程造价越高比例应该越低，因此具有相对的固定性，招标人不能漫天要价，必须符合法律的规定。根据《招标投标法实施条例》第五十八条规定，履约保证金不得超过中标合同金额的10%。招标人超过规定的比例收取履约保证金的，由有关行政监督部门责令改正，可以处5万元以下的罚款；给他人造成损失的，依法承担赔偿责任。

2. 履约保证金不同于定金

履约保证金的目的是担保承包商完全履行合同，主要担保工期和质量符合合同的约定。承包商顺利履行完毕自己的义务，招标人必须全额返还承包商。履约保证金的功能，在于承包商违约时，赔偿招标人的损失。如果承包商违约，将丧失收回履约保证金的权利，且并不以此为限。如果约定了双倍返还或具有定金独特属性的内容，符合定金法则，则是定金；如果没有出现“定金”字样，也没有明确约定适用定金性质的处罚之类的约定，已经交纳的履约保证金，就不是定金，而是其他金钱质。如本节案例1。

3. 中标人不按约定履行合同，履约保证金不予退还

履约保证金是为了保证中标人能够履行合同约定而设置的担保。如果中标人不履行与招标人订立的合同的，履约保证金不予退还，给招标人造成的损失超过履约保证金数额的，还应当对超过部分予以赔偿；没有提交履约保证金的，应当对招标人的损失承担赔偿责任。此外，中标人不按照与招标人订立的合同履行义务，情节严重的，取消其二年至五年内参加依法必须进行招标的项目的投标资格并予以公告，直至由工商行政管理机关吊销营业执照。

三、防控重点

1. 履约保证金应在招标文件中明确规定

履约保证金是确保中标人履约的一种财力担保。招标人可自行选择是否收取履约保证金，并非强制性规定。招标人必须在招标文件中明确规定了要求中标单位提交履约保证金时，此项条款方为有效。如果在招标文件中没有明确规定，在中标后不得追加。这就维护了招标文件意思表示的真实性和投标人的权益，投标人可以根据自身情况选择是否投标。

2. 招标人设置履约保证金应遵循公平原则

履约保证金强调的是保证招标人的利益或投资者的利益，为了平衡招标人和中标人的利益，招标人和中标人双方都应对履约做出相应的保证。根据《工程建设项目施工招标投标办法》第二十六条，招标人要求中标人提供履约保证金或其他形式履约担保的，招标人应当同时向中标人提供工程款支付担保。招标人不得擅自提高履约保证金，不得强制要求中标人垫付中标项目建设资金。

3. 投标人应按招标文件规定提交履约保证金

根据《招标投标法实施条例》，招标文件要求中标人提交履约保证金

的，中标人应当按照招标文件的要求提交。中标人无正当理由不与招标人订立合同，在签订合同时向招标人提出附加条件，或者不按照招标文件要求提交履约保证金的，取消其中标资格，投标保证金不予退还。对依法必须进行招标的项目的中标人，由有关行政监督部门责令改正，可以处中标项日金额10‰以下的罚款。

4. 投标保证金是否转为履约保证金应有明确规定

按招投标法规定，投标保证金限额为招标项目估算价的 2%；履约保证金限额为中标合同金额的 10%。因此一般情况下履约保证金金额会高于投标保证金。投标人在投标有效期内放弃投标或中标后放弃的，招标人可不退还其全部投标保证金，但应退还其履约保证金。如果中标人的投标保证金可转为履约保证金，一旦投标保证金履约保证金金额偏少时，转入履约保证金阶段由中标人补交差额。总之，任何方式都应在招标文件中有明确规定。

第四节　被授权人对外签订的合同应由授权人承担法律责任

一、案例

案例 1：授权人对被授权人疏于管理应承担相应的责任

案号：（2019）新 28 民终 536 号

被告某海公司授权侯某代表公司全权办理某电气化铁路供电工程施工项目的投标、签约、执行等具体工作，并签署全部有关文件、协议及合同。2016 年初，侯某成立工程项目处，并以某海公司分公司名义对外经营。侯某聘用孙某担任项目处财务人员。匡某为承揽电力架线工程转账支付孙某 20 万元保证金。孙某向匡某出具加盖某海公司印鉴的收据。嗣后某海公司更名为润某公司。因未能承揽架线工程，又无法收回保证金，匡某诉至法院。

一审法院认为：因匡某未取得建设工程相应资质，某海公司欲将其承建的 35 千伏输变电部分工程交由匡某施工，违反法律禁止性规定，双方的行为无效。合同无效，匡某交付的 20 万元保证金，润某公司应予返还。润某公司将涉案电力项目交由侯某负责，侯某成立工程项目处并以某海公司分公司名义对外长期经营，润某公司疏于管理，致使项目处对外出具的收条加盖的公章本非公司真实印文，润某公司具有明显的过错，虽然匡某提供的收据上的印文，并非某海公司真实印鉴，但相应的责任不能由匡某承担。判决被告润某公司退还原告匡某保证金 20 万元。二审维持原判。

案例 2：出具授权委托书的单位应承担被授权人职务行为的责任

案号：（2019）鄂 03 民终 1093 号

2016 年 12 月 9 日，某宇公司中标农村配电网建设与改造工程施工框架协议采购部分标段。某宇公司中标后与王某于 2016 年 12 月 18 日签订了一份《电力工程安全施工协议书》。在施工过程中，某宇公司的委托代理人李某要求与王某解除合同。2017 年 3 月 11 日，经李某与王某协商，对王某已完成的工程量、工程价值及购置的相关车辆及设备进行了价值确认后，由李某向王某出具借条一份，载明：今借到王某人民币壹拾伍万元整。随后王某将所购置的相关车辆办理过户到李某名下，相关设备亦全部留给某宇公司，撤离工地。该借条出具后，李某仅支付王某 8 万元，尚欠 7 万元未付，后经王某多次催要无果，诉至法院要求某宇公司承担责任。另查明，某宇公司向李某出具的授权委托书经公证处公证。

一审认为，本案李某向王某出具的借条，因双方没有借贷关系，实际为李某向王某出具结算工程款及购买王某为工程施工购置的车辆、机械器具等费用。因李某系某宇公司的委托代理人，其行为在委托期限内属职务行为，且王某所施工的工程也是某宇公司所承建，李某购买王某的施工车辆及机械器具也用于某宇公司所承建的工地。因此，李某的行为后果依法由其公司承担。判决某宇公司支付王某工程款 7 万元。二审维持原判。

案例 3：被伪造印章单位不承担授权责任

案号：（2018）甘 11 民终 1250 号

在工程未进行公开招投标的情况下，杨某于 2013 年 10 月 6 日以朝某公司名义与弘某公司签订了某水电站发电引水洞工程施工合同。后弘某公司与杨某发生矛盾致工程停工。至诉讼时弘某公司比双方确认的杨某停工前的应付工程款超付111677元。因杨某未按约定继续施工，导致案涉工程不能按期验收、结算。

杨某以朝某公司名义和弘某公司签订的涉案工程施工合同，朝某公司对此合同予以否认。经法院委托司法鉴定，该合同中的朝某公司印章印文与该公司印章印文不是同一枚印章盖印。据此，一审法院认定朝某公司与弘某公司之间不存在合同关系，朝某公司不承担合同责任。二审维持该认定。

案例4：单位签订合同加盖公章款项汇入个人账户，单位承担责任

案号：（2018）鲁14民终441号

被告庆某公司于2014年12月29日注册成立，法定代表人为陈某。2015年12月，庆某公司与原告尚某公司就电线电缆产品采购事项签订协议书，约定甲方向乙方收取履约保证金100万元。协议签订后，尚某公司徐某分六次汇入庆某公司的授权代表人崔某个人账户50万元。崔某将48万元转入陈某个人账户。后庆某公司没有按照协议约定采购电线电缆产品。尚某公司向一审法院起诉请求判令被告向原告归还履约保证金50万元以及迟延履行利息。

一审法院认为，原告提交的证据不能证明其向被告庆某公司支付50万元履约保证金的事实。判决驳回原告尚某公司的诉讼请求。

二审法院认为，2015年12月，庆某公司与尚某公司签订协议书加盖了庆某公司的公章，该协议合法有效。崔某系经庆某公司授权签订协议的全权代表。双方签订的协议约定了庆某公司收取保证金的收款人为崔某。应当认定崔某的收款行为是代表庆某公司的职务行为。改判庆某公司退还尚某公司50万元及利息。

案例5：招标代理机构与招标人成立委托代理关系

案号：（2019）云23民终87号

2017年6月21日，某市国土局与大某招标公司共同对外发布了某市不动产登记城市规划区内建设用地及房屋存量数据整合项目的招标文件。2017年7月7日，某省某局三〇八队向大某招标公司分两次转入投标保证金合计20万元。三〇八队未中标。经催要，大某招标公司退还一个标段的投标保证金10万元，剩余一个标段的投标保证金10万元至今

未退还。另查明，大某招标公司收取投标保证金后未转交给某市国土局，某市国土局亦未向大某招标公司支付招标代理服务费。

一审法院认为，委托代理协议及某市国土资源局、大某公司共同对外发布的招标文件均明确大某招标公司受某市国土局委托收取投标保证金，故大某招标公司在本案中不承担责任。判决由被告某市国土资源局退还原告投标保证金 10 万元，并支付资金占用费 5077 元。

二审法院认为，某市国土资源局按政府相关要求与大某招标公司签订采购项目委托代理协议，双方之间建立委托代理关系。由实际收取投标保证金的代理机构退还保证金与《合同法》第四百零二条的规定并不矛盾。二审改判由大某招标公司退还原告投标保证金 10 万元并支付资金占用费 5077 元。

案例 6：营业班长以打折名义设私账收电费属表见代理

案号：（2013）梧民二终字第 71 号

2003 年 12 月，被告广某公司向原告供电公司申请安装电能表要求供电，要求安装营业用电 40 千瓦电能表 1 只。方某时任原告的客户服务中心营业班副班长，为达到侵吞公款目的，利用其工作身份，以能帮大用户办理八折电费为名，拿他人身份证到银行开设两个账户，让被告等多家实际用电户不再通过原来的银行账户缴纳电费，而将每月电费转入方某开设的账户中。与此同时，方某利用负责审核电费数据的职位之便，将各用电户缴纳电费的情况设置为“已缴费”。各用电户每月收到的原告发出的客户电费通知单显示电量、电价、电费、已扣费等内容，说明已足额缴清电费。原告起诉请求被告缴纳电费。

一审法院审理认为：方某时任原告的客户服务中心营业班副班长期间，虽然没有代表原告对外签订电费打折优惠的代理权，但是，方某的身份、其打折的幅度和理由、以及用电户每月收到原告盖有公章的客户电费通知单，客户电费通知单显示电量、电价、电费、已扣费等内容，时间从 2004 年 2 月至 2007 年 5 月已近 3 年之久等情况，使用电户完全有理由相信方某是有代理权的，属表见代理，应认定该代理行为有效。判决驳回原告诉讼请求。

二审法院认为，按八折收取电费的后果即方某表见代理行为的后果已实际发生，该后果在客观上已归属于某供电公司承担。判决驳回上诉，维持原判。

二、法律分析

（一）关键法条

《民法总则》

第一百六十一条 民事主体可以通过代理人实施民事法律行为。依照法律规定、当事人约定或者民事法律行为的性质，应当由本人亲自实施的民事法律行为，不得代理。

第一百六十二条 代理人在代理权限内，以被代理人名义实施的民事法律行为，对被代理人发生效力。

第一百六十三条 代理包括委托代理和法定代理。委托代理人按照被代理人的委托行使代理权。法定代理人依照法律的规定行使代理权。

第一百六十四条 代理人不履行或者不完全履行职责，造成被代理人损害的，应当承担民事责任。代理人和相对人恶意串通，损害被代理人合法权益的，代理人和相对人应当承担连带责任。

第一百六十五条 委托代理授权采用书面形式的，授权委托书应当载明代理人的姓名或者名称、代理事项、权限和期间，并由被代理人签名或者盖章。

第一百六十七条 代理人知道或者应当知道代理事项违法仍然实施代理行为，或者被代理人知道或者应当知道代理人的代理行为违法未作反对表示的，被代理人和代理人应当承担连带责任。

第一百七十一条 行为人没有代理权、超越代理权或者代理权终止后，仍然实施代理行为，未经被代理人追认的，对被代理人不发生效力。相对人可以催告被代理人自收到通知之日起一个月内予以追认。被代理人未作表示的，视为拒绝追认。行为人实施的行为被追认前，善意相对人有撤销的权利。撤销应当以通知的方式作出。行为人实施的行为未被追认的，善意相对人有权请求行为人履行债务或者就其受到的损害请求行为人赔偿，但是赔偿的范围不得超过被代理人追认时相对人所能获得的利益。相对人知道或者应当知道行为人无权代理的，相对人和行为人按照各自的过错承担责任。

第一百七十二条 行为人没有代理权、超越代理权或者代理权终止后，仍然实施代理行为，相对人有理由相信行为人有代理权的，代理行为有效。

《合同法》

第九条 当事人订立合同，应当具有相应的民事权利能力和民事行为能力。

当事人依法可以委托代理人订立合同。

第四十九条 行为人没有代理权、超越代理权或者代理权终止后以被代理人名义订立合同，相对人有理由相信行为人有代理权的，该代理行为有效。

第四百零二条 受托人以自己的名义，在委托人的授权范围内与第三人订立的合同，第三人在订立合同时知道受托人与委托人之间的代理关系的，该合同直接约束委托人和第三人，但有确切证据证明该合同只约束受托人和第三人的除外。

第四百零三条 受托人以自己的名义与第三人订立合同时，第三人不知道受托人与委托人之间的代理关系的，受托人因第三人的原因对委托人不履行义务，受托人应当向委托人披露第三人，委托人因此可以行使受托人对第三人的权利，但第三人与受托人订立合同时如果知道该委托人就不会订立合同的除外。

受托人因委托人的原因对第三人不履行义务，受托人应当向第三人披露委托人，第三人因此可以选择受托人或者委托人作为相对人主张其权利，但第三人不得变更选定的相对人。

委托人行使受托人对第三人的权利的，第三人可以向委托人主张其对受托人的抗辩。第三人选定委托人作为其相对人的，委托人可以向第三人主张其对受托人的抗辩以及受托人对第三人的抗辩。

（二）要点简析

1. 代理与委托授权的概念

代理是指以他人的名义，在授权范围内进行对被代理人直接发生法律效力的法律行为。

代理包括委托代理、法定代理和指定代理。委托代理人按照被代理人的委托行使代理权，法定代理人依照法律的规定行使代理权，指定代理人按照人民法院或者指定单位的指定行使代理权。

委托代理通过委托授权的形式，由授权人将代理权授予被授权人，由被授权人在授权范围内进行代理行为。供电企业作为企业法人，常见的代理行为主要是委托代理。本节所涉的案例，均为委托代理，包括招标代理机构受托为招标人代理招标业务。

代理人在代理权限内，以被代理人的名义实施民事法律行为。被代理人对代理人的代理行为，承担民事责任。

2. 表见代理的被代理人应承担法律责任

根据《合同法》第四十九条，表见代理是指行为人没有代理权、超越代理权或者代理权终止后以被代理人名义订立合同，相对人有理由相信行为人有代理权的，该代理行为有效。如本节案例 6，营业班长利用工作之便设私账收取电费的行为，让用电户以为电费已交至供电公司，对用电户来说，这种行为是有效的，相应的后果应由供电公司承担。

3. 无权代理的被代理人不承担法律责任

没有代理权、超越代理权或者代理权终止后的代理行为，只有经过被代理人的追认，被代理人才承担法律责任。未经追认的行为，由行为人承担法律责任。如本节案例 3，被伪造印章的单位没有把相关权利授予杨某的意思表示，杨某没有代理权，属于无权代理，朝某公司不予追认，则不需要承担被伪造印章的法律责任。当然，如果有证据证明朝某公司明知杨某以其公司的名义实施民事行为而不作否认表示的，视为同意。

4. 挂靠或借用资质参加投标实质是违法代理，双方应负连带责任

挂靠或借用资质，是指被挂靠或被借用资质的企业允许他人在一定期限间内使用自己的名义从事经营活动的行为。在工程建设和物资采购领域，挂靠或借用资质都是法律所不允许的行为。挂靠与借用资质经营现象普遍存在，当前国家正在严厉打击、查处该类行为。以项目部、授权委托形式承接工程的，多少都可以寻到挂靠、借用资质的蛛丝马迹。

根据《民法总则》第一百六十七条，代理人知道被委托代理的事项违法仍然进行代理活动的，或者被代理人知道代理人的代理行为违法不表示反对的，由被代理人和代理人负连带责任。挂靠者在不符合法律规定的情况下借用他人名义进行经营，第三人往往基于对被挂靠方的信任才与之交易；被挂靠方明知挂靠方行为不合法，为收取挂靠费用而允许他人以自己名义从事经营，使第三人陷入错误判断中，由此造成的后果，

理应由二者共同承担，以保护善意第三人，规范市场交易秩序。《最高人民法院关于适用〈中华人民共和国民事诉讼法〉若干问题的意见》第四十三条规定，个体工商户、个人合伙或私营企业挂靠集体企业并以集体企业的名义从事生产经营活动的，在诉讼中，该个体工商户、个人合伙或私营企业与其挂靠的集体企业为共同诉讼人；第五十二条规定，借用业务介绍信、合同专用章、盖章的空白合同书或者银行账户的，出借单位和借用人为共同诉讼人。

三、防控重点

代理行为在供电企业较为常见。公司的法定代表人常需要授权委托公司副总经理或其他人员以公司的名义或以法定代表人的名义行使职权，如审批经费项目、签订供用电合同及其他合同等。为促进公司依法经营，防范经营风险，供电企业在办理授权委托时应注意以下几点：

1. 正确办理授权委托书

授权委托书是被授权委托人的权利证明书。一是要明确是法人授权还是仅为法定代表人授权。法人授权的授权委托书是受托人接受法人的委托行事，委托书上一般加盖公章并有法定代表人的签字。法定代表人的授权委托书，一般来说是由法定代表人个人签署，授权某个人代行其作为法定代表人的某个权利。供电企业的授权一般为法人授权，应由企业法人的法定代表人签发，加盖单位印章。二是授权事项应明确。授权委托书应实行统一格式、统一编号。授权委托书的内容应包含授权委托书编号；授权委托人单位、姓名、职务和被授权人单位、姓名、职务；委托事项及权限；委托期限。任何人不得对书面授权委托书进行修改、涂改、复印。修改、涂改、复印后的授权委托书无效。

2. 加强授权委托事项的管理

（1）统一归口管理。授权委托书的归口管理部门一般为本单位的法律事务管理部门，负责根据法定代表人的决定，办理出具授权委托书事宜。相关部门应当就授权事项的合法性和授权文书格式和表述等事宜征求法律事务室意见。

（2）规范各单位和人员申请、使用授权委托书的行为。不同额度的合同应由公司法定代表人或法定代表人授权委托的代理人在其授权范围内代为签署。

（3）规范一次性授权委托。为简化工作流程、提高办事效率，公司法定代表人可就供用电合同、小额合同签订事宜等进行一次性批量授权。其他事项包括诉讼代理、项目审批等宜实行一事一授权形式。

（4）谨慎办理承办人员授权。代表公司对外签订合同的人员，应当办理法定代表人的直接书面授权。下属单位或分公司需要办理授权委托书的，原则上只对单位负责人授权。如因特殊情况确需对具体承办人员进行直接授权的，须在授权申请中注明。

（5）要加强授权监督。各级供电企业应建立健全授权、转授权的监督检查机制，在尽职监督、合规检查及内控评价中，将授权、转授权执行情况作为一项重要内容，每年定期进行授权、转授权执行情况检查，形成报告。严格责任追究制度，严肃查处越权审批等严重违规行为。

3．把好资质审核关，严查挂靠行为

工程挂靠、借用资质有巨大风险，工程质量无法保证。供电企业应坚决抵制挂靠、借用资质这种违法代理行为。如严查承包商的社保缴纳对应情况、所有工程款必须进入施工企业指定账号、要求缴纳履约保证金等。具体可见“挂靠、借用资质等以他人名义投标，中标无效”章节。

第五节　经合法授权的非法人分支机构对外签订的合同有效

一、案例

案例1：企业分支机构对外签订的合同有效

案号：（2018）鲁01民终401号

2016年12月25日，某集团公司、某集团公司物资公司向中某公司出具招标活动中标通知书，通知中某公司中标事项。2017年1月3日，买方某集团公司物资公司，卖方中某公司签订了某电厂送出工程铁塔采购合同。合同签订后，中某公司认为，某集团公司物资公司是非法人的分支机构，不符合《招标投标法》规定的签订合同主体条件，其签订合同即使有授权也是无效的。

一审法院认为，招标人包括法人和其他组织，某集团公司物资公司系某集团公司的分支机构，属于其他组织，符合招标人和签订合同的主体条件。某集团公司物资公司经工商行政机关注册登记，并领取营业执照，其虽不具有法人资格，但经某集团公司明确授权对外开展集中采购招标代理并负责采购合同的签订与支付，有权以自己名义对外签订合同。双方签订涉案采购合同，系双方真实意思表示，内容不违反法律、行政法规强制性规定，合同合法有效。判决驳回中某公司的诉讼请求。二审维持原判。

案例2：银行分支机构对外发放信用卡的行为合法

案号：（2017）渝01民终6329号

2011年5月20日，被告邱某向原告某支行申请办理了信用卡，从2008年11月9日开始消费。截至2017年5月20日，被告尚欠原告透支本金38422.66元、利息32926.49元、违约金2268.53元、手续费240元。

一审法院判决被告邱某偿还原告某支行透支本金、利息、违约金等。二审中，邱某提交了两份企业信用信息公示报告及与银监局的电话录音，拟证明某支行没有发卡资质。二审法院认为，虽然只有总行具备信用卡的发卡资质，但分支机构以自己的名义对外开展民事活动不违反法律的禁止性规定，银行的具体业务由其分支机构办理也符合一般的操作习惯。其次，分支机构对外签订的合同，其民事责任由设立分支机构的法人承担，或者分支机构先以自有财产承担责任，再由法人承担补充责任，但责任形式并不影响分支机构对外签订的合同的效力。认定分支机构具备诉讼主体资格。判决驳回上诉，维持原判。

二、法律分析

（一）关键法条

《公司法》

第十四条 公司可以设立分公司。设立分公司，应当向公司登记机关申请登记，领取营业执照。分公司不具有法人资格，其民事责任由公司承担。

公司可以设立子公司，子公司具有法人资格，依法独立承担民事责任。

《民事诉讼法》

第四十八条 公民、法人和其他组织可以作为民事诉讼的当事人。法人由其法定代表人进行诉讼。其他组织由其主要负责人进行诉讼。

《最高人民法院关于适用〈中华人民共和国民事诉讼法〉的解释》（法释〔2015〕5号

第五十二条 民事诉讼法第四十八条规定的其他组织是指合法成立、有一定的组织机构和财产，但又不具备法人资格的组织，包括：

（一）依法登记领取营业执照的个人独资企业；

（二）依法登记领取营业执照的合伙企业；

（三）依法登记领取我国营业执照的中外合作经营企业、外资企业；

（四）依法成立的社会团体的分支机构、代表机构；

（五）依法设立并领取营业执照的法人的分支机构；

（六）依法设立并领取营业执照的商业银行、政策性银行和非银行金融机构的分支机构；

（七）经依法登记领取营业执照的乡镇企业、街道企业；

（八）其他符合本条规定条件的组织。

（二）要点简析

1. 分公司和分支机构的关系

分支机构是常设机构的一种。企业法人的分支机构主要有两种形式：一种为分公司；另一种为办事处。分公司可以从事经营活动，但必须取得工商登记。办事处一般只能从事总公司营业范围内的业务联络活动，不能申请领取营业执照，不具有经营资格，不能以自己的名义签订商业贸易合同进行营利性的贸易、投资活动。

供电企业通常所说的分支机构一般是办理工商登记并领取营业执照的分公司。

2. 分支机构经授权后，可以以自己的名义签订合同

根据《民事诉讼法》第四十八条和《最高人民法院关于适用〈中华人民共和国民事诉讼法〉的解释》（法释〔2015〕5号）第五十二条，依法设立并领取营业执照的法人的分支机构属于“其他组织”，其他组织可以作为民事诉讼的当事人。从本节两个案例可知，分支机构是合法的诉讼主体，经授权后能够以自己的名义对外签订合同。

三、防控重点

1. 设立分支机构应进行工商登记

根据《企业法人登记管理条例》第三十五条，企业法人设立不能独立承担民事责任的分支机构，由该企业法人申请登记，经登记主管机关核准，领取营业执照，在核准登记的经营范围内从事经营活动。根据《公司登记管理条例》，分公司是指公司在其住所以外设立的从事经营活动的机构。分公司不具有企业法人资格。公司设立分公司的，应当自决定作出之日起 30 日内向分公司所在地的公司登记机关申请登记；法律、行政法规或者国务院决定规定必须报经有关部门批准的，应当自批准之日起 30 日内向公司登记机关申请登记。

2. 变更、撤销分支机构也应登记

变更名称、经营范围、营业场所的，应当申请变更登记。分公司被公司撤销、依法责令关闭、吊销营业执照的，公司应当自决定作出之日起 30 日内向该分公司的公司登记机关申请注销登记。

2019 年 3 月 5 日，国家市场监管总局就《公司登记管理条例》《企业法人登记管理条例》等行政法规的相关条款修订向社会公开征求意见，修订的条款未涉及分支机构设立登记的内容。

3. 企业法人应加强对分支机构的管理

因分支机构不具有独立法人资格，对外开展活动的民事责任由企业法人承担，因此企业法人应加强对分支机构的管理，督促分支机构依法合规经营，确保上级机构对管理的下级分支机构能够实施有效管控。如分支机构行文和开展活动应使用全称，即企业法人名称＋分支机构名称；分支机构应在授权的业务范围内开展经营活动；分支机构不可再另下设分支机构等。

第六节　招标前后签订“黑白合同”，一般以中标合同为准

一、案例

案例 1：签订两份合同以中标备案合同为准

案号：（2019）浙民终 42 号

2012 年 12 月，双某公司通过招标方式与华某公司签订建设工程施工合同，约定某总包工程合同工期总日历天数 700 天，合同价款暂定 26 000 万元。该合同经县建筑业管理处备案。2013 年 1 月 8 日，双某公司、华某公司又签订建设工程施工合同，约定工期总日历天数 850 天，合同价款暂定 2 亿元。2013 年 1 月 18 日，王某与华某公司签订内部承包合同，约定华某公司承建的总包工程，以内部经济责任制的形式委托给王某施工。2016 年 12 月 30 日，涉案工程经竣工验收合格。2017 年 2 月 27 日，王某就工程款支付诉至法院（另一案）。一审判令华某公司给付王某工程款 36240264.18 元，双某公司承担连带清偿责任，王某对涉案土建及安装工程依法处置后的价款享有优先受偿权。二审维持原判。现双某公司起诉要求华某公司支付工期延误违约金 4000 万元，王某承担连带支付责任。

一审法院认为，双某公司通过招标方式与华某公司签订的于 2012 年 12 月 31 日备案的建设工程施工合同，华某公司、王某提交的证据尚不足以证实存在违法招投标情形，该合同内容也未违反国家法律、行政法规的强制性规定，应属有效。双某公司与华某公司在订立备案合同之后，又于 2013 年 1 月 8 日就同一建设工程另行订立建设工程施工合同且该合同中工程价款、工程期限均有实质性变更故该合同不应作为双方结算的依据。现有证据尚不足以认定施工工期延长系华某公司违约导致，华某公司与王某签订的内部承包合同系不同的合同关系，王某不应就华某公司相关违约责任承担连带责任。判决驳回双某公司的诉讼请求。

二审法院认为，根据 2013 年 12 月 2 日双某公司向华某公司出具的《关于某分包工程的函》，载明双某公司通过邀请招标方式确定案涉工程中的消防、弱电、桩基、幕墙、外墙门窗工程承包人，并要求由华某公司与消防、弱电、桩基工程承包人签订分包合同；幕墙、外墙门窗工程则由双某公司、华某公司与分包人签订合同。鉴于工程总工期内涉及多项分包工程的施工，且分包工程的承包人系指定，相关图纸会审也需合理协调时间，该些综合因素导致工期延误，责任不能归结于华某公司单方。上诉人主张由华某公司承担总体工期延误的违约金 4000 万元，依据并不充分。判决驳回上诉，维持原判。

案例 2：先施工后补充招投标签订的合同为无效合同

案号：（2019）最高法民终 44 号

某管委会与青某公司于 2013 年 3 月协商确定，由青某公司承包城市副中心道路工程项目。2013 年 4 月 10 日，青某公司按照管委会的指示开工。2013 年 8 月，因受当地村民阻挠被迫停工。青某公司完成案涉工程 97%的工程量。管委会于 2014 年 6 月 24 日完成案涉工程的招投标，同年 7 年 7 月向青某公司送达中标通知书，之后双方签订建设工程施工合同。后双方因工程结算涉讼。

一审法院认为，案涉工程系政府计划投资 9000 万元的城市基础设施项目，属于必须招投的工程。在施工合同签订前，青某公司已于 2013 年 4 月 10 日对案涉工程进行了施工，因此，双方当事人的上述行为实为“先定后招”的“串标”行为。双方签订的施工合同属于无效合同。双方关于支付逾期工程款违约金的约定，因合同无效亦归于无效。

二审法院认为，虽然案涉施工合同无效，但法律后果只是对当事人不产生约束力，并不意味着相关条款不能作为参照。尤其是在案涉合同仅因违反法律法规强制性规定而无效且当事人均认可合同真实性的情况下，合同条款中对客观事实的陈述和对已发生事实的处理安排，仍可作为法院认定案件事实和当事人真实意思表示的重要参考。认定合同所涉关于已竣工日期、付款时间节点等内容系双方事后对已发生的事实的表述和确认，可以证明案件事实和当事人的真实意思表示。

案例 3：非必须招标项目，签订“黑白合同”不以中标备案合同为结算依据

案号：（2018）川 01 民终 14736 号

2014 年 7 月 1 日，固某公司与恒某公司签订“建设工程施工合同 1”，约定工程金额为 2208 万元。同日，恒某公司作为招标人向固某公司发出中标通知书，确定固某公司为案涉项目中标人，中标价为 2944.5698 万元。2014 年 7 月 8 日，恒某公司与固某公司签订“建设工程施工合同 2”，约定由固某公司承建案涉工程，合同价款为 2944.5698 元。固某公司于 2014 年 8 月 11 日将“建设工程施工合同 2”交区建设工程招标投标监督办公室备案。

2014 年 9 月 8 日，固某公司与恒某公司签订补充协议书，增加建设投资 258504 元。2014 年 9 月 12 日，恒某公司将该补充协议交区建设工

程招标投标监督办公室备案。案涉项目在本次招标备案程序启动前，业主事先已确定固某公司作为中标单位，招标备案由固某公司协助办理。

一审法院认为，恒某公司并非国有企业，本案亦非公共工程纠纷且案涉工程并未经过实际招标投标程序，不能因此必然得出固某公司与恒某公司应当按照备案的“建设工程施工合同 2”作为双方工程款结算合同的结果。而应当根据双方真实意思表示确定按照哪一份“建设工程施工合同”作为双方工程款结算依据。根据恒某公司提交的未备案的“建设工程施工合同 1”可以看出，双方在签订该合同时对于案涉工程 1 号生产车间、2 号生产车间、综合楼等工程款的具体金额均予以了明确的约定，结合固某公司向恒某公司发出的工程进度款请款单等证据可以认定，该合同才是双方真实意思表示且该合同并不违反法律规定，应属有效。认定双方应按照 2014 年 7 月 1 日签订的“建设工程施工合同 1”计算工程款。二审维持该认定。

二、法律分析

（一）关键法条

《最高人民法院关于审理建设工程施工合同纠纷案件适用法律问题的解释》

第二十一条 当事人就同一建设工程另行订立的建设工程施工合同与经过备案的中标合同实质性内容不一致的，应当以备案的中标合同作为结算工程价款的根据。

《最高人民法院关于审理建设工程施工合同纠纷案件适用法律问题的解释（二）》

第一条 招标人和中标人另行签订的建设工程施工合同约定的工程范围、建设工期、工程质量、工程价款等实质性内容，与中标合同不一致，一方当事人请求按照中标合同确定权利义务的，人民法院应予支持。

第九条 发包人将依法不属于必须招标的建设工程进行招标后，与承包人另行订立的建设工程施工合同背离中标合同的实质性内容，当事人请求以中标合同作为结算建设工程价款依据的，人民法院应予支持，但发包人与承包人因客观情况发生了在招标投标时难以预见的变化而另行订立建设工程施工合同的除外。

第十条　当事人签订的建设工程施工合同与招标文件、投标文件、中标通知书载明的工程范围、建设工期、工程质量、工程价款不一致，一方当事人请求将招标文件、投标文件、中标通知书作为结算工程价款的依据的，人民法院应予支持。

（二）要点简析

1. 黑白合同的危害

黑白合同是指合同当事人就同一事项订立两份以上的内容不相同的合同，一份对内，一份对外。对外为建设单位、施工单位按照《招标投标法》的规定，依据招投标文件签订的在建设工程管理部门备案的建设工程施工合同。其主要特点是经过合法的招投标程序，该合同在建设工程管理部门备案，形式合法。对内是双方为规避政府管理，私下签订的建设工程施工合同，未经过合法的招投标程序且该合同未在建设工程行政管理部门备案。建设工程施工合同履行期间长，影响因素多，关于招标投标等方面的规定较为严格。为规避这些规定，建筑市场上存在围标串标、明招暗定、“黑白合同”等违法违规行为，扰乱市场秩序，也会影响建设工程质量。

2. 黑白合同的效力

2004 年发布的《最高人民法院关于审理建设工程施工合同纠纷案件适用法律问题的解释》规定，当事人就同一建设工程另行订立的建设工程施工合同与经过备案的中标合同实质性内容不一致的，应当以备案的中标合同作为结算工程价款的根据。2019 年施行的《最高人民法院关于审理建设工程施工合同纠纷案件适用法律问题的解释（二）》第一条则规定，招标人和中标人另行签订的建设工程施工合同约定的工程范围、建设工期、工程质量、工程价款等实质性内容，与中标合同不一致，一方当事人请求按照中标合同确定权利义务的，法院应予支持。该解释已于 2019 年 2 月 1 日施行。

因此，必须招标的项目如签订“黑白合同”，效力的认定有所变化。2005 年 1 月 1 日至 2019 年 2 月 1 日之间，以备案合同为准。2019 年 2 月以后，一般以中标合同为准。

3. 建设工程施工合同备案制度已取消

2018 年 5 月，国务院办公厅下发《关于开展工程建设项目审批制度改革试点的通知》，试点取消建设工程施工合同备案制度，对民间投资的房屋建筑工程试行由建设单位自主决定发包方式。2018 年 9 月，住房和城乡建设部作出《关于修改〈房屋建筑和市政基础设施工程施工招标投标管理办法〉的决定》，决定删除该办法第 47 条第 1 款中的“订立书面合同后 7 日内，中标人应当将合同送工程所在地的县级以上地方人民政府建设行政主管部门备案”的规定。

4. 非必须招标的项目合同以真实意思表示为准

如本节案例 3，对于不是必须招标的项目，不能必然得出应当按照备案的建设工程施工合同作为双方工程款结算合同的结果，而应当根据双方真实意思表示确定按照哪一份建设工程施工合同作为双方工程款结算依据。该案裁判于 2019 年 1 月 21 日。2019 年 2 月 1 日《最高人民法院关于审理建设工程施工合同纠纷案件适用法律问题的解释（二）》生效后，关于不属于必须招标的建设工程进行招标后中标合同的效力改为：发包人将依法不属于必须招标的建设工程进行招标后，与承包人另行订立的建设工程施工合同背离中标合同的实质性内容，当事人请求以中标合同作为结算建设工程价款依据的，人民法院应予支持，但发包人与承包人因客观情况发生了在招标投标时难以预见的变化而另行订立建设工程施工合同的除外。

5. 先施工再招标的合同无效但可以作为结算参考

如本节案例 2，一审法院认为，案涉工程属于必须招标的工程，双方存在先定后招的串标行为。双方签订的施工合同属于无效合同。无效合同自始无效。二审法院认为，虽然案涉施工合同无效，但法律后果只是对当事人不产生约束力，并不意味着相关条款不能作为参照。尤其是在案涉合同仅因违反法律法规强制性规定而无效、当事人均认可合同真实性的情况下，合同条款中对客观事实的陈述和对已发生事实的处理安排，仍可作为人民法院认定案件事实和当事人真实意思表示的重要参考，因此认定合同所涉关于竣工日期、付款时间节点等内容系双方事后对已发生事实的表述和确认，可以证明案件事实和当事人真实意思表示。最高人民法院（2013）民申字第 884 号案例也采取这一裁判思路，认为涉案标前合同、中标合同均无效，但由于标前合同是当事人的真实意思表示，实际施工中双方也主要是依据标前合同的约定来履行，且从标前合同的内容看，其结算依据也主要是依照定额据实结算，因此，在一定情况下，将标前合同作为结算工程价款的一个参照也并不违背双方真实意思表示。

三、防控重点

“黑白合同”为国家明令禁止。电网企业应规范招标投标行为，杜绝黑白合同。工程施工合同备案制度取消后，《最高人民法院关于审理建设工程施工合同纠纷案件适用法律问题的解释(二)》第一条和第十条明确，招标人和中标人另行签订的建设工程施工合同约定的工程范围、建设工期、工程质量、工程价款等实质性内容，与中标合同不一致，应当按照中标合同确定当事人的权利义务。当事人签订的建设工程施工合同的实质性内容与招标文件、投标文件、中标通知书的记载不一致，以招标文件、投标文件、中标通知书作为结算建设工程价款的依据，对杜绝“黑白合同”、明招暗定现象将起到明显的作用。

第七节 被认定无效的合同自始无效，违约责任约定也无效

一、案例

案例 1：输变电工程违法分包合同无效，施工方只能根据实际完成工程量主张价款

案号：(2013）鄂*民二初字第 00112 号

被告昌某公司从某供电公司承包送变电施工工程。2013 年 3 月 26 日，被告将某输变电工程及配套线路工程承包给原告卿某。原告卿某于 2013 年 8 月 26 日以被告尚欠其工程余款 782786 元未付为由诉至法院。

法院认为，输变电工程及配套线路工程是涉及公众安全、社会公共利益的建设工程。被告昌某公司违反法律禁止性规定，将输变电工程及配套线路工程违法转包、分包给不具有输变电工程及配套线路工程施工资质和劳务作业承包资质的原告卿某施工，损害社会公共利益。因此原、被告签订的劳务承包合同应为无效合同。原告卿某在劳务承包合同范围

内实际完成的工程量价款经司法鉴定中心鉴定为502700元，而被告昌某公司已经向原告支付工程款410000元，并为原告垫付了民工工资477801元，共计887801元。判决原、被告签订的劳务承包合同为无效合同，驳回原告卿某的诉讼请求。

案例2：应招未招施工合同无效，但超付的工程款应予返还

案号：（2018）甘11民终1250号

在工程未进行公开招投标的情况下，杨某于2013年10月6日以朝某公司名义与弘某公司签订了某水电站发电引水洞工程施工合同。后弘某公司与杨某发生矛盾工程停工。

一审法院认为，实际施工人杨某未取得建筑施工企业资质。弘某公司在签订合同前未进行招标。某水电站发电引水洞工程施工合同估价216万元，没有招标，故该合同无效。弘某公司应当招标而未招标，明知杨某无资质而允许其挂靠有资质的企业签订合同，应承担合同无效的主要责任。杨某无资质而挂靠有资质的企业签订合同，应承担合同无效的次要责任。因双方均有过错，双方应当各自承担相应责任。故对弘某公司主张返还工程款等诉讼请求和杨某主张支付拖欠的工程款等反诉请求均不予支持。

二审法院认为，过错责任的具体量化应充分权衡双方在签订、履行合同过程中的具体实情来判定，一审判决概而论之，对弘某公司与杨某的请求均予以驳回不当，应予纠正。改判由杨某向弘某公司返还超付的工程款、垫付的电费、建筑施工人员团体意外伤害保险费等共计254003.35元。

案例3：无效合同违约条款也无效，只能主张损失赔偿

案号：（2017）浙民终449号

2013年8月，原告瓯某公司、港某公司就某医院建设工程等5个房建、市政工程BT转BOT工程建设项目通过招标代理公开招标。三被告鼎某公司、中某公司公司、某州七建公司组成联合体中标，并于同年9月24日签订合同协议书。后联合体未按合同约定开始施工。2014年6月11日，瓯某公司、港某公司向法院起诉要求判令解除合同协议书。在审理过程中法院依职权查明鼎某公司在投标过程中提供虚假资料而使中标无效，导致诉争合同违反了法律法规的强制性规定而无效。现瓯某公司、港某公司以鼎某公司在投标时提供虚假材料为由，主张三被告支付

违约金。

一审法院认为，合同协议书的组成部分已被确认无效。无效的合同自始没有法律约束力。故瓯某公司、港某公司诉请三被告赔偿违约金，于法无据。但合同无效的，有过错的一方应当赔偿对方因此所受到的损失。因鼎某公司在投标时提供了虚假材料致使中标无效，进而导致案涉合同无效。故本案导致合同无效的过错在于鼎某公司，其作为有过错一方应当赔偿瓯某公司、港某公司因此所受到的损失。判决鼎某公司、某州七建公司、中某公司公司共同赔偿瓯某公司、港某公司二次招标服务代理费及监理费 688763 元。二审维持原判。

案例 4：恶意串通贴牌生产铝芯变压器致合同无效，责任均担

案号：（2017）鲁 0830 民初 4821 号

2016 年 8 月 19 日，被告昌某公司中标某集团变压器采购项目并签订协议库存货物采购合同。2016 年 10 月 14 日，被告昌某公司与原告华某公司签订了产品购销合同，将被告中标中的 258 台变压器交由华某公司贴牌生产。原告于 2017 年 2 月 21 日把案涉的 258 台变压器全部运至被告指定的地点，花费运费和装卸费 85200 元和 20640 元。期间被告昌某公司将标示被告昌某公司名称及产品序列号的铭牌和试验报告邮寄给华某公司，原告华某公司按被告昌某公司的要求将铭牌安装在了案涉的变压器上。2017 年 5 月 16 日，安装涉案变压器的电力设施管线失窃，在公安机关调查中发现，案涉变压器内部线圈低压部分为铜线，高压部分为漆包铝。该刑事案件的发生导致电力公司知晓案涉变压器存在严重质量问题。2017 年 11 月被告昌某公司将原告华某公司变压器全部换下，后原、被告双方就赔偿问题意见不一，形成本案的本诉和反诉。

法院认为，原、被告双方隐瞒电力公司签订合同进行贴牌生产，涉案变压器的试验报告均为被告昌某公司邮寄给原告华某公司，且被告在案涉变压器到货后负有从外观到材料的质量检验责任但被告对案涉变压器的质量检验敷衍了事，直至盗窃线圈案件的发生才暴露线圈的质量不符合电力公司的要求，且在盗窃案发生后的第三天被告昌某公司还汇给了原告华某公司 1000000 元货款，更加说明了双方的恶意串通，双方的目的在于以合法的形式赚取不法利润。合同双方都负有退还财产的义务，造成合同无效双方均有责任，对于双方的损失应予以均担。判决原被告

签订的产品购销合同为无效合同；被告昌某公司返还华某公司258台变压器；华某公司返还昌某公司货款1000000元；昌某公司赔偿华某公司运费损失52920元；华某公司赔偿告昌某公司更换变压器的安装费损失325000元。

案例5：公车购置分别签订单项租赁合同无效，违约责任不支持

案号：（2019）云25民终816号

某河公司是国有控股子公司。2012年3月6日，某河公司根据本公司项目前期工作点多面广，车辆不能满足工作需要等情况召开总经理办公会议，决定“鼓励员工集资购买车辆，按市场行情租赁给公司”。2012年4月15日，该公司与3位社会自然人分别签订车辆租赁合同，租用3台现代ix35轿车，1台别克轿车。后双方因资金结算诉至法院。

一审法院认为，被告作为使用财政性资金的国有企业，将依法必须进行招标的采购项目以分别签订单项合同的方式规避招标，违反了法律、行政法规的强制性规定，原、被告双方签订的车辆租赁合同属于无效合同，违约条款也属无效。二审维持该认定。

二、法律分析

（一）关键法条

《合同法》

第五十二条　有下列情形之一的，合同无效：

（二）一方以欺诈、胁迫的手段订立合同，损害国家利益；

（二）恶意串通，损害国家、集体或者第三人利益；

（三）以合法形式掩盖非法目的；

（四）损害社会公共利益；

（五）违反法律、行政法规的强制性规定。

《最高人民法院关于适用〈中华人民共和国合同法〉若干问题的解释（二）》

第十四条　合同法第五十二条第（五）项规定的“强制性规定”，是指效力性强制性规定。

《招标投标法》

第五十条　招标代理机构违反本法规定，泄露应当保密的与招标投

标活动有关的情况和资料的，或者与招标人、投标人串通损害国家利益、社会公共利益或者他人合法权益的，处五万元以上二十五万元以下的罚款；对单位直接负责的主管人员和其他直接责任人员处单位罚款数额百分之五以上百分之十以下的罚款；有违法所得的，并处没收违法所得；情节严重的，禁止其一年至二年内代理依法必须进行招标的项目并予以公告，直至由工商行政管理机关吊销营业执照；构成犯罪的，依法追究刑事责任。给他人造成损失的，依法承担赔偿责任。

前款所列行为影响中标结果的，中标无效。

第五十二条　依法必须进行招标的项目的招标人向他人透露已获取招标文件的潜在投标人的名称、数量或者可能影响公平竞争的有关招标投标的其他情况的，或者泄露标底的，给予警告，可以并处一万元以上十万元以下的罚款；对单位直接负责的主管人员和其他直接责任人员依法给予处分；构成犯罪的，依法追究刑事责任。

前款所列行为影响中标结果的，中标无效。

第五十三条　投标人相互串通投标或者与招标人串通投标的，投标人以向招标人或者评标委员会成员行贿的手段谋取中标的，中标无效，处中标项目金额千分之五以上千分之十以下的罚款，对单位直接负责的主管人员和其他直接责任人员处单位罚款数额百分之五以上百分之十以下的罚款；有违法所得的，并处没收违法所得；情节严重的，取消其一年至二年内参加依法必须进行招标的项目的投标资格并予以公告，直至由工商行政管理机关吊销营业执照；构成犯罪的，依法追究刑事责任。给他人造成损失的，依法承担赔偿责任。

第五十四条　投标人以他人名义投标或者以其他方式弄虚作假，骗取中标的，中标无效，给招标人造成损失的，依法承担赔偿责任；构成犯罪的，依法追究刑事责任。

依法必须进行招标的项目的投标人有前款所列行为尚未构成犯罪的，处中标项目金额千分之五以上千分之十以下的罚款，对单位直接负责的主管人员和其他直接责任人员处单位罚款数额百分之五以上百分之十以下的罚款；有违法所得的，并处没收违法所得；情节严重的，取消其一年至三年内参加依法必须进行招标的项目的投标资格并予以公告，直至由工商行政管理机关吊销营业执照。

第五十五条 依法必须进行招标的项目，招标人违反本法规定，与投标人就投标价格、投标方案等实质性内容进行谈判的，给予警告，对单位直接负责的主管人员和其他直接责任人员依法给予处分。

前款所列行为影响中标结果的，中标无效。

第五十七条 招标人在评标委员会依法推荐的中标候选人以外确定中标人的，依法必须进行招标的项目在所有投标被评标委员会否决后自行确定中标人的，中标无效，责令改正，可以处中标项目金额千分之五以上千分之十以下的罚款；对单位直接负责的主管人员和其他直接责任人员依法给予处分。

《招标投标法实施条例》

第八十一条 依法必须进行招标的项目的招标投标活动违反招标投标法和本条例的规定，对中标结果造成实质性影响，且不能采取补救措施予以纠正的，招标、投标、中标无效，应当依法重新招标或者评标。

（二）要点简析

1. 合同无效的情形

根据《合同法》第五十二条，合同无效的法定情形主要有：一方以欺诈、胁迫的手段订立合同，损害国家利益；恶意串通，损害国家、集体或者第三人利益；以合法形式掩盖非法目的；损害社会公共利益；违反法律、行政法规的强制性规定。关于恶意串通，损害国家、集体或者第三人利益和以合法形式掩盖非法目的，如本节案例 4，法院认为，市场行为必须依法坚守诚实信用原则，变压器关乎电网的运行安全，原被告双方在明知电力公司在招标公告中要求不能贴牌生产和不接受任何分包行为，双方却隐瞒电力公司签订合同进行贴牌生产，而且被告对案涉变压器的质量检验敷衍了事，直至盗窃线圈案件的发生才暴露线圈的质量不符合电力公司的要求，说明双方恶意串通，目的在于以合法的形式赚取不法利润，因此判定合同无效。

2. 违反效力性强制性规定的合同无效

根据《合同法》和《最高人民法院关于适用〈中华人民共和国合同法〉若干问题的解释（二）》，违反法律、行政法规的强制性规定的合同无效，其中“强制性规定”，是指效力性强制性规定。所谓效力性强制性规定，指法律及行政法规明确规定违反了这些禁止性规定将导致合同无效或者合同不成立的规范；或者是法律及行政法规虽然没有明确规定违反这些禁止性规范后将导致合同无效或者不成立，但是违反了这些禁止性规范后如果使合同继续有效将损害国家利益和社会公共利益的规范。《招标投标法》中规定“中标无效”的条款，均为效力性强制性规定。

3. 判定中标无效后，签订的合同均为无效

《招标投标法》和《招标投标法实施条例》中规定“中标无效”的情形主要有：

（1）招标代理机构违反《招标投标法》规定，泄露应当保密的与招标投标活动有关的情况和资料的，或者与招标人、投标人串通损害国家利益、社会公共利益或者他人合法权益影响中标结果的，中标无效。

（2）依法必须进行招标的项目的招标人向他人透露已获取招标文件的潜在投标人的名称、数量或者可能影响公平竞争的有关招标投标的其他情况的，或者泄露标底影响中标结果的，中标无效。

（3）投标人相互串通投标或者与招标人串通投标的，投标人以向招标人或者评标委员会成员行贿的手段谋取中标的，中标无效。

（4）投标人以他人名义投标或者以其他方式弄虚作假，骗取中标的，中标无效。

（5）依法必须进行招标的项目，招标人违反本法规定，与投标人就投标价格、投标方案等实质性内容进行谈判影响中标结果的，中标无效。

（6）招标人在评标委员会依法推荐的中标候选人以外确定中标人的，依法必须进行招标的项目在所有投标被评标委员会否决后自行确定中标人的，中标无效。

（7）依法必须进行招标的项目的招标投标活动违反招标投标法和本条例的规定，对中标结果造成实质性影响，且不能采取补救措施予以纠正的，招标、投标、中标无效。

以上中标无效的情形如果在双方签订中标合同后才被发现，将导致已签订的合同无效。

4. 招投标中导致合同无效的其他情形

除了以违法手段谋取中标导致中标合同无效外，招标投标活动中的以下情形也将导致合同无效：

（1）规避招标签订的合同无效。任何单位和个人不得将依法必须进

行招标的项目化整为零或者以其他任何方式规避招标。虽然《招标投标法》第四十九条并未明确规定，必须进行招标的项目而不招标的，将必须进行招标的项目化整为零或者以其他任何方式规避招标的合同无效，但《招标投标法》第四条已规定，任何单位和个人不得将依法必须进行招标的项目化整为零或者以其他任何方式规避招标。此为效力性强制性规定，因此，所有化整为零或者以其他任何方式规避招标而达成的合同均为无效。详见本书“规避招标”章节。

（2）转包、违法分包合同无效。根据《招标投标法》第五十八条，中标人将中标项目转让给他人的，将中标项目肢解后分别转让给他人的，违反规定将中标项目的部分主体、关键性工作分包给他人的，或者分包人再次分包的，转让、分包无效。相应的转让、分包合同也无效。如本节案例 1。

三、防控重点

根据《合同法》第五十八条，合同无效或被撤销后，因该合同取得的财产，应当予以返还；不能返还或者没有必要返还的，应当折价补偿。有过错的一方应当赔偿对方因此所受到的损失，双方都有过错的，应当各自承担相应的责任。如本节案例 4，法院认为双方恶意串通，对造成合同无效均有责任，对于双方的损失应予以均担，判决原被告签订的产品购销合同为无效合同的同时，判决被告昌某公司返还华某公司变压器；华某公司返还昌某公司货款；昌某公司赔偿华某公司运费损失；华某公司赔偿告昌某公司安装费损失。电网企业招标投标活动中，应尽量避免出现本节所列的导致合同无效的情况。

第六章　异议和投诉

第一节 捏造事实虚假、恶意投诉的应承担侵权责任

一、案例

案例1：捏造事实多次恶意投诉应承担诽谤的侵权责任

案号：（2018）陕0114民初1412号

原告飞某公司诉称，被告美某公司不断在多个省份的招标活动中对原告进行诋毁和诽谤，就已被相关部门驳回的事实多次投诉。原告因被告进行的恶意诋毁和诽谤，为了向相关单位说明情况，发生了必要的费用支出。原告诉至法院请求确认被告侵犯原告名誉权、损害了原告的商业信誉，依法判令被告立即停止侵害、消除影响、恢复名誉、向原告赔偿损失。

法院经审理认为，被告美某公司向省财政厅等部门投诉中陈述原告飞某公司因在某航院项目串通投标已涉及刑事犯罪，目前已被区检察院立案审查监督，但被告美某公司未能提供证据证明原告飞某公司因串标等违法犯罪行为已被相关检察院立案审查，且在向省财政厅等部门对投诉中称原告飞某公司涉嫌串通投标已被刑事立案亦未提供相应证据，其行为符合诽谤行为的构成要件，故被告美某公司上述虚假陈述行为构成对原告飞某公司的诽谤。美某公司在未提供证据的情况下多次以原告飞某公司因串通投标行为而被相关检察机关立案审查为内容向多部门投诉，该行为应当认定为捏造事实，故其不实投诉不能构成行使合法投诉权利的免责事由。判决被告向原告停止侵害、赔礼道歉。向某职业技术学院、某市财政局等19家单位发致歉函并张贴，以消除影响，恢复名誉，致歉函的内容须经区人民法院审核；赔偿原告经济损失20000元及律师代理费10000元。

案例2：伪造材料投诉应消除影响并赔偿损失

案号：（2011）湘高法民再终字第163号

2005年12月3日，经市人民政府批准，某市铬渣污染治理工作协调领导小组办公室向国内外公开招标选择市铬渣污染治理项目法人。2005年12月5日，评标委员会推荐铭某公司为第一中标候选人，富某

公司、新某公司、五某公司组成的联合投标体为第二中标候选人。2005年12月12日，富某公司和新某公司分别向市招标办提交题为《关于某公司铬渣处理技术存在严重缺陷的举报材料》和《关于对某公司铬渣处理技术的质疑意见》的投诉材料。在投诉材料附加的主要证据某州市环境监测中心站的监测报告后添加了“铭某公司曾在某州铬渣技术处理竞标中，因技术原因遭到淘汰”的虚构事实。2005年12月25日，新某公司的法定代表人李某以虚构的中国科学院固体废弃物处置有限责任公司李某教授的名义向全国人民代表大会环境与资源保护委员会、国家环保总局监察局、招标局等单位投递了题为《关于某市42万吨铬渣处理项目五某国际招标有限责任公司在评标过程中专家不专业评错标误导政府将造成严重后果，急需纠正!》和《某市42万吨铬渣处理项目将造成严重后果，急需纠正!》的投诉函。投诉大致内容是铭某公司技术存在诸多问题，不能承担某市42万吨铬渣处理项目。2006年1月26日，某市发展和改革委员会经过大量调查后对该投诉予以驳回。该处理决定书现已生效。

铭某公司曾于2007年初诉诸法院，撤诉后于2007年7月3日再次以富某公司、新某公司、五某公司恶意诽谤投诉，造成该公司经济和声誉损失为由诉诸法院。

一审法院认为，富某公司、新某公司的恶意投诉行为，在较大范围内损害了铭某公司的企业声誉，应认定名誉侵权成立，并承担相应的民事责任。五某公司和富某公司、新某公司作为联合投标体，五某公司基于共同的利益需要，对富某公司、新某公司在中标公示期内的恶意投诉行为予以认可，并授权富某公司全权负责。因此，五某公司与富某公司、新某公司对铭某公司的名誉构成共同侵权，五某公司与富某公司、新某公司对共同侵权给铭某公司造成的损害，应当承担连带责任。判决由富某公司、新某公司及五某公司公开向铭某公司赔礼道歉，恢复原告的名誉，消除影响并连带赔偿铭某公司因名誉侵权造成的经济损失10万元。

二审法院认为，一审法院在确定具体赔偿数额时明显过低。在综合考虑涉案三侵权人主观过错程度、影响范围大小等因素的基础上，变更被告赔偿铭某公司因名誉侵权造成的经济损失60万元。

再审法院认为，二审在没有证据证明铭某公司的损失与申请人的投诉有直接关联的情况下，大幅调整赔偿额度不当。判决撤销二审判决，维持一审判决。

二、法律分析

（一）关键法条

《招标投标法》

第六十五条 投标人和其他利害关系人认为招标投标活动不符合本法有关规定的，有权向招标人提出异议或者依法向有关行政监督部门投诉。

《招标投标法实施条例》

第二十二条 潜在投标人或者其他利害关系人对资格预审文件有异议的，应当在提交资格预审申请文件截止时间 2 日前提出；对招标文件有异议的，应当在投标截止时间 10 日前提出。招标人应当自收到异议之日起 3 日内作出答复；作出答复前，应当暂停招标投标活动。

第四十四条 招标人应当按照招标文件规定的时间、地点开标。

投标人少于 3 个的，不得开标；招标人应当重新招标。

投标人对开标有异议的，应当在开标现场提出，招标人应当当场作出答复，并制作记录。

第五十四条 依法必须进行招标的项目，招标人应当自收到评标报告之日起 3 日内公示中标候选人，公示期不得少于 3 日。

投标人或者其他利害关系人对依法必须进行招标的项目的评标结果有异议的，应当在中标候选人公示期间提出。招标人应当自收到异议之日起 3 日内作出答复；作出答复前，应当暂停招标投标活动。

第六十条 投标人或者其他利害关系人认为招标投标活动不符合法律、行政法规规定的，可以自知道或者应当知道之日起 10 日内向有关行政监督部门投诉。投诉应当有明确的请求和必要的证明材料。

就本条例第二十二条、第四十四条、第五十四条规定事项投诉的，应当先向招标人提出异议，异议答复期间不计算在前款规定的期限内。

第六十一条 投诉人就同一事项向两个以上有权受理的行政监督部门投诉的，由最先收到投诉的行政监督部门负责处理。

行政监督部门应当自收到投诉之日起 3 个工作日内决定是否受理投

诉，并自受理投诉之日起30个工作日内作出书面处理决定；需要检验、检测、鉴定、专家评审的，所需时间不计算在内。

投诉人捏造事实、伪造材料或者以非法手段取得证明材料进行投诉的，行政监督部门应当予以驳回。

第七十七条 投标人或者其他利害关系人捏造事实、伪造材料或者以非法手段取得证明材料进行投诉，给他人造成损失的，依法承担赔偿责任。

招标人不按照规定对异议作出答复，继续进行招标投标活动的，由有关行政监督部门责令改正，拒不改正或者不能改正并影响中标结果的，依照本条例第八十二条的规定处理。

《工程建设项目招标投标活动投诉处理办法》

第七条 投诉人投诉时，应当提交投诉书。投诉书应当包括下列内容：

（一）投诉人的名称、地址及有效联系方式；

（二）被投诉人的名称、地址及有效联系方式；

（三）投诉事项的基本事实；

（四）相关请求及主张；

（五）有效线索和相关证明材料。

对招标投标法实施条例规定应先提出异议的事项进行投诉的，应当附提出异议的证明文件。已向有关行政监督部门投诉的，应当一并说明。

投诉人是法人的，投诉书必须由其法定代表人或者授权代表签字并盖章；其他组织或者个人投诉的，投诉书必须由其主要负责人或者投诉人本人签字，并附有效身份证明复印件。

投诉书有关材料是外文的，投诉人应当同时提供其中文译本。

第十二条 有下列情形之一的投诉，不予受理：

（一）投诉人不是所投诉招标投标活动的参与者，或者与投诉项目无任何利害关系；

（二）投诉事项不具体，且未提供有效线索，难以查证的；

（三）投诉书未署具投诉人真实姓名、签字和有效联系方式的；以法人名义投诉的，投诉书未经法定代表人签字并加盖公章的；

（四）超过投诉时效的；

（五）已经作出处理决定，并且投诉人没有提出新的证据的；

（六）投诉事项应先提出异议没有提出异议、已进入行政复议或行政诉讼程序的。

（二）要点简析

1. 异议和投诉的关系

异议是指潜在投标人或其他利害关系人认为招标文件、资格预审文件、开标、评标结果等内容或事项存在违反应当遵循的公开、公平、公正和诚实信用原则，违反《招标投标法》《招标投标法实施条例》及相关法律法规的要求，存在限制或排斥潜在投标人等情形的，可以在规定的时间内，按照规定的程序向招标人提出不同意见的制度。

投诉是指投标人和其他利害关系人认为招标投标活动不符合《招标投标法》有关规定的，有权依法向有关行政监督部门投诉的制度。

异议和投诉制度是投标人或者其他利害关系人的救济权利。该项制度使招标人组织的招投标活动置于所有投标人以及其他利害关系人的监督之下，有利于规范招标人和投标人在招投标活动中的行为，也有利于维护广大投标人及其他利害关系人的合法权益。

2. 异议和投诉的提出主体

异议和投诉的提出主体，应当是与投标活动有直接利害关系的人，以及由于招标投标活动违反《招标投标法》规定的规则和程序，已经或即将可能受到利益直接损害的人，包括投标人和其他利害关系人。被限制、排斥的参加必须进行招标项目的供应商、承包商，在规定的时间内也可以提出异议。

3. 异议和投诉应客观、真实

异议和投诉的内容应客观、真实。投诉人捏造事实、伪造材料或者以非法手段取得证明材料进行投诉的，行政监督部门应当予以驳回；给他人造成损失的，依法承担赔偿责任。如本节案例 1，法院认为，被告美某公司作为一个组织架构完善、专业从事航空模拟系统销售的企业，在招投标监督投诉活动中，理应知晓招投标监督投诉活动应坚持所述事实客观、真实、有据可依，而在未有相应证据的情况下，向某省财政厅等部门投诉中称原告飞某公司因串通投标而被刑事立案审查，违反了陈述中应当保持客观、真实、有据可依的一般注意义务。且在省财政厅等部门对原告飞某公司因串通投标而被刑事立案审查投诉内容不予认定，该投诉被驳回的情况下，依然向其他部门就同样内容继续投诉，未尽到投诉诚实谨慎之义务，故被告美某公司存在主观上的过错，依法应承担相应的责任。

4. 异议和投诉的受理主体不同

异议的受理主体是招标人而不是招标代理机构和评标委员会。虽然很多情况下资格预审文件和招标文件是招标代理机构编制的，开标活动很多情况下也由招标代理机构主持，但由于招标代理机构是招标人的代理人，招标代理机构所进行的招标活动均应由招标人承担结果。因此，异议的受理主体是招标人，异议应向招标人提出。

投诉的受理主体是有关行政监督部门。投诉人就同一事项向两个以上有权受理的行政监督部门投诉的，由最先收到投诉的行政监督部门负责处理。

三、防控重点

招投标的异议是投标人及其利害关系人的重要权利。投诉处理是实施招投标监督的重要环节。

1. 提出异议和投诉应符合程序

一是应符合范围和时限的要求。《招标投标法实施条例》对异议事项和时限进行了严格限制：①对资格预审文件的异议应当在提交资格预审申请文件截止日期 2 日前提出；②对招标文件有异议的，应当在投标截止时间 10 日前提出；③投标人对开标有异议的，应当在开标现场提出；④对依法必须进行招标的项目的评标结果有异议的，应当在中标候选人公示期间提出。除此之外，投标人或者其他利害关系人不仅无权就其他事项向招标人提出异议，而且超出规定时限所提出的异议即不能发生相应的法律后果。投诉则应当在知道或者应当知道之日起 10 日内向有关行政监督部门提出。

二是先异议再投诉。异议和投诉是招投标活动中投标人和利害相关人的两种权利救济途径，但是两者的实现需要遵循一定的顺序，对资格预审文件或招标文件、开标、评标结果的投诉，应先提出异议。对法定事项先提出异议是提出投诉的前置程序。如果投标人或者其他利害关系人在对于上述事项进行投诉前没有对上述事项向投标人提出过异议，则行政监督管理部门对于该等投诉不予受理。

2. 投标人和行政监督部门应妥善处理异议和投诉

投标人或者其他利害关系人对招投标提出异议，旨在保护自己的合法权益。无论异议是否成立，招标人均负有在规定的时间内答复的义务，异议期间，招标活动均暂停进行，直至招标人对异议作出答复。行政监督部门应当自收到投诉之日起 3 个工作日内决定是否受理投诉，并自受理投诉之日起 30 个工作日内做出书面处理决定。

值得注意的是，对投诉的处理应由行政监督部门书面做出处理决定。异议的答复是否需要书面形式，没有强制性规定。实践中，只有开标现场提出的异议，招标人可以当场口头答复。为慎重起见，开标现场提出的异议也以招标人事后书面答复为宜。对其他内容异议的答复，应采用书面形式。

第二节　处理投诉应全面审查不可仅凭评标专家意见

一、案例

案例 1：中标人资格异议应全面审查，不可仅凭评标专家意见

案号：（2014）西行初字第 5 号

2014 年 2 月 12 日，某县教育体育局作为招标人，对某县高级中学整体搬迁异地新建工程发出招标公告，该项目建设规模 79991 平方米，资金来源为国有资金，总投资 15400 万元。经评标确定第一中标候选人为众某公司，第二中标候选人为泰某公司，第三中标候选人为大某公司。原告天某公司对该评标结果有异议，向招标人提出。在招标人作出答复后，原告又于 2014 年 3 月 7 日向被告县住房和城乡建设局投诉。被告受理后，依据五位评委重新评定结果于 2014 年 3 月 19 日做出招标投标投诉处理决定书，对原告投诉不予支持。原告不服提起行政诉讼。

经法院审查，众某公司在其提交的投标文件类似项目业绩中，中标通知书、施工合同、工程竣工验收备案表均为伪造；大某公司因伪造工程业绩骗取中标资格于 2012 年 12 月 2 日被省交通运输厅决定将其信用

评价等级由初评B级直接降为D级（黑名单），两年内不得参与省交通建设项目投标。被告在受理本案原告投诉后，没有对原告投诉事项进行全面调查，未向招标人（招标代理机构）调查招标人对争议条款的解释，也未自己确定该条款的真实意思，仅依据评标委员会五位原评委的解释和重新评定结果即对原告投诉作出处理，明显不当。判决撤销被告对原告投诉作出的招标投标投诉处理决定书。

案例2：对中标人候选人资格有异议，招标人可以组织评标委员会重新审查

案号：（2019）闽02行终111号

某立交工程于2017年10月17日开标。某有色公司及某建工集团均参与投标。2017年10月19日，某建工集团被推荐为中标候选人，某有色公司因业绩证明材料不符合要求，作废标处理。2017年10月19日，某第二公司和某有色公司就所公示的评标结果分别向招标人提出异议。招标人收到相关异议申请后，向异议人做出复函表示暂停后续招标流程并予以复核。原评委会技术标专家成员复核后认为，某第二公司的业绩材料不满足类似工程经验业绩合格条件，某有色公司提供的投标业绩证明符合本项目招标文件要求。招标人对案涉项目异议内容进行重新评审。2017年11月3日，重新公示确定某有色公司为推荐中标候选人。2017年11月3日，某建工集团对重新公示的评标结果不服，向招标人提出异议。招标人答复其异议内容不成立。某建工集团向市建设局投诉。市建设局作出投诉不予受理决定书，认为某建工集团要求彻底调查重新评审的情况应当先行向招标人提出异议。某建工集团向市建设局作出关于投诉书的补充说明。市建设局驳回某建工集团的投诉。某建工集团不服申请行政复议。省住建厅受理该申请后，作出行政复议决定书认定：案涉项目在评标结果未被确定无效，公示结果并未撤销的情形下，招标人组织原评标委员会进行重新评审，再次确定中标候选人予以公示，客观上造成该工程项目同时存在两个评标结果，系在原评标行为未被确定为无效的情况下，进行重新评标的行为，决定撤销市建设局作出的投诉处理决定书，并向相关当事人送达。某有色公司不服上述行政复议决定，诉至法院。

一审法院认为，重新招标或者评标一般适用于评标阶段违规行为性质比较严重，对中标结果造成实质影响，且无法补救纠正的情况。某有

色公司此前提出异议事由与其业绩资格的审查有关。就此问题而言，相对于行政机关处理投诉部门，评审组技术标专家的集体复核意见更具权威性和专业性。招标人根据专家集体复核意见采纳某有色公司的异议，并组织原评标委员会予以重新评审符合法律规定。判决撤销省住建厅行政复议决定。二审维持原判。

案例 3：因质检不合格被通报，企业不服提起行政诉讼

案号：（2017）京行终 3455 号

2016 年 6 月 6 日，原国家质检总局作出《关于电网设备材料质量监督行动有关工作情况的通报》（以下简称被诉通报），就国家质检总局组织中国水利电力质量管理协会会同国家电网公司、南方电网公司和有关省质量技术监督局，针对 35 千伏及以下电压等级的电网设备材料开展专项质量监督行动所发现的问题和处理意见建议作出通报。通报显示，自 2015 年 9 月起，共检查国家电网公司、南方电网公司中标设备制造企业 68 家以及为中标企业出具型式试验报告的检验机构 8 家。在监督检查中，共发现 43 家制造企业、2 家检验机构存在不同程度的问题。其中，通报认定某公司在原材料采购、检验记录、质量关键点自检、型式试验报告、弯管工序、工艺管理手册、环境控制等九个方面存在问题。该公司不服被诉通报，向国家质检总局提出行政复议申请，国家质检总局于 2016 年 10 月 9 日作出被诉复议决定，维持了被诉通报。该公司不服，诉至一审法院，请求撤销被诉通报中涉及该公司的部分，撤销被诉复议决定。

二审法院认为，生产企业的产品质量管理系产品质量合格的前提与基础，加强产品质量管理阶段的监督检查，督促生产企业建立健全内部产品质量管理制度，严格实施岗位质量规范，有利于防微杜渐，对产品质量从源头上进行风险监控，此亦属国家质检总局法定职责范畴。在尚未制定国家标准、行业标准的领域，以供应商资质能力核实标准作为对可能危及人体健康和人身、财产安全的工业产品质量管理、质量诚信监督检查行为及被诉通报的依据，并无不当。故某公司主张被诉通报认定其存在的 9 项问题没有法律依据和国家标准依据的诉讼理由不能成立。此外，国家质检总局在行政复议程序中，履行了相应的复议职责。二审维持一审判决。

案例 4：投标人以医保卡代替身份证，开标现场未提出视为放弃异议

案号：（2015）鄂宜昌中行终字第 00124 号

2014 年 9 月 24 日，区管理委员会对外公开发布了某安置小区功能完善项目施工招标公告。招标文件第二章投标人须知载明“公布在投标截止时间前递交投标文件的投标人名称，并点名确认投标人拟派项目负责人是否到场，查验建造师注册证和居民身份证，否则否决其投标”。开标会查验建造师注册证和居民身份证时，开某建筑有限责任公司的项目负责人郑某提交了建造师注册证，因当时没有找到居民身份证而提交了本人医保卡以证明其身份。监标人现场向全体投标人通报了郑某提交医保卡的情况，并征询投标人代表对此有无异议，与会代表无人提出异议。后开某建筑有限责任公司为第一中标候选人，钟某建筑工程有限公司为第二中标候选人。钟某建筑工程有限公司就开某建筑有限责任公司的项目负责人郑某在开标会点名时未提交本人居民身份证递交质疑书。后经投诉处理程序，诉至法院。

一审法院认为，对开标中的问题，投标人认为不符合有关规定的，应当在开标现场提出异议。钟某建筑工程有限公司在开标现场没有提出异议，视为放弃了提出异议的权利。判决驳回原告的诉讼请求。二审维持原判。

二、法律分析

（一）关键法条

《招标投标法》

第六十五条　投标人和其他利害关系人认为招标投标活动不符合本法有关规定的，有权向招标人提出异议或者依法向有关行政监督部门投诉。

《招标投标法实施条例》

第六十一条　投诉人就同一事项向两个以上有权受理的行政监督部门投诉的，由最先收到投诉的行政监督部门负责处理。

行政监督部门应当自收到投诉之日起 3 个工作日内决定是否受理投诉，并自受理投诉之日起 30 个工作日内作出书面处理决定；需要检验、检测、鉴定、专家评审的，所需时间不计算在内。

投诉人捏造事实、伪造材料或者以非法手段取得证明材料进行投诉的，行政监督部门应当予以驳回。

第六十二条 行政监督部门处理投诉，有权查阅、复制有关文件、资料，调查有关情况，相关单位和人员应当予以配合。必要时，行政监督部门可以责令暂停招标投标活动。

行政监督部门的工作人员对监督检查过程中知悉的国家秘密、商业秘密，应当依法予以保密。

第七十九条 项目审批、核准部门不依法审批、核准项目招标范围、招标方式、招标组织形式的，对单位直接负责的主管人员和其他直接责任人员依法给予处分。

有关行政监督部门不依法履行职责，对违反招标投标法和本条例规定的行为不依法查处，或者不按照规定处理投诉、不依法公告对招标投标当事人违法行为的行政处理决定的，对直接负责的主管人员和其他直接责任人员依法给予处分。

项目审批、核准部门和有关行政监督部门的工作人员徇私舞弊、滥用职权、玩忽职守，构成犯罪的，依法追究刑事责任。

（二）要点简析

投诉处理的主体是行政监督部门。行政监督部门面对大量招投标活动，很难主动发现某个项目存在违法行为，故其发现、查处违法行为在很大程度上依赖于投诉人的投诉及其所提供的线索。因此，招投标投诉处理是实施招投标监督的重要环节。供电企业作为招标人，虽然不直接处理投诉，但也可能接受行政监督部门就投诉事项展开的询问、调查和其他配合义务，应基本了解投诉处理的要点。

1. 准确判定投诉主体是否适格

在行政监督部门处理投诉人的投诉时，首先应对投诉人是否具有合格的主体资格进行判定。根据《招标投标法》第六十五条的规定，投标人和其他利害关系人都可以向行政监督部门提出投诉，即规定招投标投诉主体主要包括投标人和其他利害关系人两类。《工程建设项目招标投标活动投诉处理办法》对“其他利害关系人”的范围进行了界定：投标人以外的，与招标项目或者招标活动有直接和间接利益关系的法人、其他组织和个人。投诉人不是所投诉招标投标活动的参与者，或者与投诉项目无任何利害关系的，行政机关不予受理。

2. 对不满足要求的投诉应不予受理

一是投诉书应满足形式要求。为了防止投诉人滥用投诉权、规范投诉人的投诉行为，投诉人需以提交投诉书的方式进行投诉。投诉书的形式及内容有严格的要求。《工程建设项目招标投标活动投诉处理办法》对投诉书的内容及形式提出了一系列具体要求，并将其规定为投诉处理机关对投诉书进行初步审查、决定是否受理的重要考查因素。很多投诉人在投诉时往往忽略了形式要求，导致其投诉无法被行政监督部门受理。

二是投诉时应提供必要的线索和证据。除了对投诉书形式的规定外，投诉人还必须提供有效线索和相关证明材料。投诉事项不具体，且未提供有效线索，难以查证的，行政监督部门不予受理。

3. 投诉处理应执行回避制度

行政监督部门受理投诉后，首先要确定具体的工作人员负责投诉的调查处理。根据《工程建设项目招标投标活动投诉处理办法》第十三条，行政监督部门负责投诉处理的工作人员有近亲属是被投诉人、投诉人，或者是被投诉人、投诉人的主要负责人的；在近 3 年内本人曾经在被投诉人单位担任高级管理职务的；与被投诉人、投诉人有其他利害关系，可能影响对投诉事项公正处理等情况的，应当主动回避。

4. 应对投诉进行全面调查取证

根据《招标投标法实施条例》第六十二条，行政监督部门处理投诉，有权查阅、复制有关文件、资料，调查有关情况，相关单位和人员应当予以配合。《工程建设项目招标投标活动投诉处理办法》第十四条，行政监督部门受理投诉后，应当调取、查阅有关文件，调查、核实有关情况。对情况复杂、涉及面广的重大投诉事项，有权受理投诉的行政监督部门可以会同其他有关的行政监督部门进行联合调查，共同研究后由受理部门做出处理决定。可见，调查取证是对投诉进行处理的基础，行政监督部门在进行调查取证时，应当正确地行使权力。如本节案例 1，行政监督部门在受理原告投诉后，没有对原告投诉事项进行全面调查，未向招标人或招标代理机构调查招标人对争议条款的解释，也未自己确定该条款的真实意思，仅仅依据评标委员会五位原评委的解释和重新评定结果即对原告投诉做出处理，明显不当，被法院判决撤销投诉处理决定。

第七章 招 标 代 理

第一节　招标代理机构不得同时为投标人提供咨询等服务

一、案例

案例 1：招标代理机构工作人员居间收费不合法

案号：（2013）宜商初字第 1356 号

2013 年 1 月 11 日，原告朱某和华某公司签订协议，约定华某公司授权朱某在某省进行长期的市场开发与业务发展，并由朱某代理华某公司对某集团 2013 年招投标业务。2013 年 2 月 7 日，华某公司中标某集团 2013 年第一批配（农）网线路材料协议库存招标采购项目，中标价格为 151075017 元。2013 年 4 月 13 日，朱某和华某公司又签订一份协议，约定华某公司指定朱某为 2013 某集团招标业务唯一代理人，代理华某公司所有电缆产品在某集团的招标，朱某利用其人力资源优势代为中标，华某公司支付相应的费用。后华某公司未按约支付款项，朱某经催要无果，于 2013 年 8 月 28 日诉至本院。

法院认为：朱某作为本案涉及的某集团公司 2013 年第一批配（农）网线路材料协议库存招标采购项目的招标代理机构某能三公招标有限公司的工作人员，其代理华某公司就本次项目的招投标，违反了《招标投标法》的相关规定。朱某与华某公司之间签订的协议无效，朱某要求华某公司支付 300 万元及利息的诉请，本院不予支持。判决驳回朱某的诉讼请求。

案例 2：与招标代理机构勾联中标涉嫌串通投标罪

案号：（2017）浙 09 刑终 108 号

2014 年 7 月，被告人蒋某、朱某先后得知某水厂工程将要进行招标。被告人蒋某通过被告人留某联系做招标代理业务的被告人方某，并向时任市自来水公司总经理的庄某进行推荐。经过形式上的邀请招标程序，市自来水公司委托被告人方某所在的公司为水厂工程提供招标代理服务。其间，被告人蒋某、留某、方某、朱某相互间多次商量如何才能中标的相关事项。被告人方某在制作招标方案和与市自来水公司沟通过程中，亦多次提出有利于被告人蒋某的招标方案并得到认可。被告人蒋某通过被告人留某或与被告人朱某一起，分别向投标人中某公司和广某公司提出中标后分包工程的要求。广某公司与中某公司均表示待中标后予以考虑。为进一步提高广某公司与中某公司联合体的中标概率，被告人蒋某、方某经商量后，在招标文件中设置倾向性评标分值。2015 年 5 月，招标文件发布后，因遭到其他投标单位的投诉，评标分值设置作了调整。2015 年 6 月，水厂工程招投标进入评标阶段，被告人蒋某、留某、朱某商量后决定给予评标专家好处。广某公司和中某公司联合体被确定为水厂工程的中标单位。中标后，被告人朱某、蒋某再次到广某公司商议分包水厂工程事宜，广某公司表示同意并要求被告人朱某将资质证书、社保关系等迁入广某公司。被告人蒋某、留某则到中某公司要求分包机电工程，中某公司表示等总包合同定下来再议。

一审法院认为，被告人蒋某、朱某、留某、方某串通投标，情节严重，四被告人的行为均已构成串通投标罪。以串通投标罪判处被告人蒋某有期徒刑一年，并处罚金人民币三万元；以串通投标罪分别判处被告人朱某、留某、方某有期徒刑一年，缓刑一年六个月，并处罚金人民币三万元。二审维持串通投标罪部分的判决。

二、法律分析

（一）关键法条

《刑法》

第二百二十三条 投标人相互串通投标报价，损害招标人或者其他投标人利益，情节严重的，处三年以下有期徒刑或者拘役，并处或者单处罚金。

投标人与招标人串通投标，损害国家、集体、公民的合法利益的，依照前款的规定处罚。

《招标投标法》

第十四条 招标代理机构与行政机关和其他国家机关不得存在隶属关系或者其他利益关系。

第十五条 招标代理机构应当在招标人委托的范围内办理招标事

宜，并遵守本法关于招标人的规定。

第五十条 招标代理机构违反本法规定，泄露应当保密的与招标投标活动有关的情况和资料的，或者与招标人、投标人串通损害国家利益、社会公共利益或者他人合法权益的，处五万元以上二十五万元以下的罚款；对单位直接负责的主管人员和其他直接责任人员处单位罚款数额百分之五以上百分之十以下的罚款；有违法所得的，并处没收违法所得；情节严重的，禁止其一年至二年内代理依法必须进行招标的项目并予以公告，直至由工商行政管理机关吊销营业执照；构成犯罪的，依法追究刑事责任。给他人造成损失的，依法承担赔偿责任。

前款所列行为影响中标结果的，中标无效。

《招标投标法实施条例》

国务院住房城乡建设、商务、发展改革、工业和信息化等部门，按照规定的职责分工对招标代理机构依法实施监督管理。

第十三条 招标代理机构在招标人委托的范围内开展招标代理业务，任何单位和个人不得非法干涉。

招标代理机构代理招标业务，应当遵守招标投标法和本条例关于招标人的规定。招标代理机构不得在所代理的招标项目中投标或者代理投标，也不得为所代理的招标项目的投标人提供咨询。

第六十五条 招标代理机构在所代理的招标项目中投标、代理投标或者向该项目投标人提供咨询的，接受委托编制标底的中介机构参加受托编制标底项目的投标或者为该项目的投标人编制投标文件、提供咨询的，依照招标投标法第五十条的规定追究法律责任。

第七十八条 国家建立招标投标信用制度。有关行政监督部门应当依法公告对招标人、招标代理机构、投标人、评标委员会成员等当事人违法行为的行政处理决定。

（二）要点简析

招标是一项复杂的系统化工作，有完整的程序，环节多，专业性强，组织工作繁杂。招标代理机构由于专门从事招标投标活动，在人员力量和招标经验方面有得天独厚的条件，因此大型招标项目的招标工作通常由专业招标代理机构代为进行。因代理招标业务的职务便利，招标代理机构的工作人员往往可能掌握大量的招标、投标各方的大量信息。这就要求招标代理机构规范履行招标代理业务，避免违法犯罪事件。

1. 招标代理机构应防范串通投标罪的风险

根据《刑法》第二百二十三条，串通投标罪的主体是投标人或招标人。招标代理机构是否构成串通投标罪的主体，没有明确的规定。参考本节案例 2，法院认为，串通投标罪的立法意义是打击与抑制招投标过程中的串通投标行为，为招投标工作创造公平、公正、公开的经济环境，以保护市场经济健康有序发展。此罪侵犯的是复杂客体，主要有正常的招投标活动管理秩序，还包括侵犯国家或其他相关人员的经济利益，不能简单限缩刑法的立法原意，片面理解串通投标罪的主体范围和行为模式。因此串通投标罪的主体并非仅限于《招标投标法》规定的投标人和招标人，而是应当包括实施了串通投标行为，破坏正常的市场竞争秩序的人。经查询案例 2 判决书可知，包括招标代理机构在内的四被告人利用各自的特殊社会关系和相关职务，在招标代理人方某与投标方利害关系人蒋某、朱某和参与人留某之间，建立了非法的招投标信息沟通渠道，采取各种方法影响招标方案制订和评标标准的设置，以期不正当地提高中标概率，破坏了招投标活动管理秩序，最终造成了重大公共工程被否决投标的结果，故四被告人均以串通投标罪被追究刑事责任。

2. 招标代理机构不得同时为投标人提供咨询等服务

招标代理机构应当在招标人委托的范围内开展招标代理业务。由于招标机构专门从事招标业务，他们拥有较丰富的经验和大量的投标商信息，因此，招标代理机构代理招标业务，应当遵守《招标投标法》和《招标投标法实施条例》关于招标人的规定。招标代理机构不得在所代理的招标项目中投标或者代理投标，也不得为所代理的招标项目的投标人提供咨询。招标代理机构在所代理的招标项目中投标、代理投标或者向该项目投标人提供咨询的，接受委托编制标底的中介机构参加受托编制标底项目的投标或者为该项目的投标人编制投标文件、提供咨询的，将被处以五万元以上二十五万元以下的罚款；对单位直接负责的主管人员和其他直接责任人员处单位罚款数额百分之五以上百分之十以下的罚款；有违法所得的，并处没收违法所得；情节严重的，禁止其一年至二年内代理依法必须进行招标的项目并予以公告，直至由工商行政管理机关吊销营业执照；构成犯罪的，依法追究刑事责任。给他人造成损失的，依法承担赔偿责任。影响中标结果的，还将造成中标无效的后果。如本节案例2，四被告的犯罪行为即造成了重大公共工程废标的结果。

第二节　招标代理机构应按授权开展业务并取得代理费用

一、案例

案例1：项目变更前的招标代理费因合同未约定不支持

案号：（2019）闽04民终94号

2013年5月8日，2014年8月21日，某地区发展和改革局发文核准“沙某妇幼保健和计生服务综合大楼”项目名称变更为“沙某妇幼保健和计生服务门诊住院楼”。原告招标代理机构蓝某公司根据要求对大楼设计重新组织招标，于2014年11月25日完成大楼设计的招标工作。2014年12月10日，沙某妇幼保健院与蓝某公司签订了一份建设工程招标代理合同。工程名称：沙某妇幼保健院和计生服务门诊住院楼项目。之后蓝某公司完成了施工、监理、边坡防护工程招标。2018年9月5日，蓝某公司向被告沙某妇幼保健院提交了装订成册的完整的招投标资料。因招标代理费纠纷，蓝某公司诉至法院，请求判令被告支付沙某妇幼保健和计生服务综合大楼项目招标代理费49849元和工程预算编制费93026元，沙某妇幼保健和计生服务门诊住院楼招标代理费和工程预算编制费217702元。

一审法院认为，沙某妇幼保健院与蓝某公司于2014年12月10日签订的建设工程招标代理合同约定的委托代理项目为“沙某妇幼保健院和计生服务门诊住院楼项目”。因此，蓝某公司要求沙某妇幼保健院支付沙某妇幼保健和计生服务综合大楼项目招标代理费和工程预算编制费的主张证据不足，不予支持。蓝某公司于2018年9月5日向沙某妇幼保健提交了沙某妇幼保健院没有异议的沙某妇幼保健和计生服务门诊住院楼及相关委托项目完整的招投标资料，合同约定的付款条件已成就，蓝某公司要求沙某妇幼保健支付沙某妇幼保健和计生服务门诊住院楼及相关委托项目招标代理费和工程预算编制费 217702 元的主张，予以支持。二审维持原判。

案例 2：招标代理按工程还是货物收费应以被招标项目内容为准

案号：（2019）沪 01 民终 96 号

2012 年 9 月 13 日，润某公司、新某公司签订招标代理合同，约定新某公司委托润某公司为某县 50 万吨/年煤焦油轻质化等采购项目的招标代理机构。2012 年 9 月，上述项目四个标段已经完成招标。双方无争议的三个标段即罐基础土建及安装工程、氢气压缩机采购、加氢反应器采购的招标代理费合计为 170058.15 元，双方有争议的是×装置项目的招标代理费，润某公司认为应按照货物招标的收费标准计算代理费，新某公司认为应按照工程招标的收费标准计算代理费。协商不成诉至法院。

一审法院认为，虽然润某公司、新某公司招标代理合同约定为“×装置设备采购项目”的招标，但从该项目的评标报告及承包合同的内容来看，该项目招标涉及的是工程招标，而非货物招标，故该项目招标代理费的计算应参照工程招标收费标准。但本案 2012 年 9 月底完成招标，则新某公司应在当月月底前向润某公司支付招标代理费，本案债权自 2012 年 10 月 1 日开始计算诉讼时效，润某公司于 2013 年 2 月 20 日向新某公司开票引起诉讼时效中断，本案债权从 2013 年 2 月 20 日重新计算诉讼时效。至 2015 年 2 月 20 日，诉讼时效期间届满。诉讼时效届满后，当事人须做出明确同意履行义务的意思表示时，才能起到重新计算诉讼时效的效力，而本案 2017 年 8 月 7 日润某公司向新某公司发的企业询证函中新某公司并未表示同意履行义务。因此，该份企业询证函不能起到重新计算诉讼时效的效力。综上，润某公司主张的招标代理费已经超过诉讼时效，一审法院对其诉请不予支持。判决驳回润某公司的诉讼请求。二审驳回上诉，维持原判。

案例 3：招标代理机构不能违法占用投标保证金

案号：（2019）云 23 民终 87 号

在某市城市规划区内建设用地及房屋存量数据整合项目招标中，某地质局三〇八队向大某招标公司分两次转入投标保证金合计 20 万元后未中标。经催要，大某招标公司退还一个标段的投标保证金 10 万元，剩余一个标段的投标保证金 10 万元未退还。

一审法院认为，三〇八队向大某招标公司交纳投标保证金时明知大某招标公司是受市国土局委托向其收取投标保证金，故其要求大某招标公司对涉案未退还的投标保证金及相应的资金占用费与市国土局承担连带责任的诉讼请求，无法律依据，大某招标公司在本案中不承担责任。判决由被告市国土资源局退还原告投标保证金 10 万元，并支付资金占用费 5077 元。

二审法院认为，市国土局与大某公司在协议中约定大某公司收取投标人的投标保证金，在双方共同发布的招标文件中也明确投标人需交纳的投标保证金汇入大某招标公司账户。大某公司作为招投标代理机构，向投标人收取投标保证金系法律赋予其的权利同时也是合同约定的权利，在投标人未中标时，退还投标人交纳的投标保证金亦系其法定义务。二审改判由大某招标公司退还原告投标保证金 10 万元并支付资金占用费 5077 元。

案例 4：业主方扣除投标保证金产生的纠纷不能告招标代理机构

案号：（2019）京 03 民终 6730 号

2017 年 10 月 23 日，招标人及其代理机构某航技国际经贸发展有限公司、某航建国际招标有限责任公司、某城市建设投资有限公司发澄清函给原告，要求原告对投标相关内容进行澄清。原告于 2017 年 10 月 26 日按要求通过邮箱发送了澄清函回复。2018 年 2 月 26 日，原告从银行得知，招标人以原告撤回投标文件为由要求扣除投标保证金。

2018 年 2 月 28 日，原告致招标人及其代理机构，强调原告做出的澄清函回复是指“放弃进行投标澄清工作的意思”，不属于招标文件规定的“撤回投标文件”。原告要求返还 191 万元投标保证金无果以某航技国际经贸发展有限公司、某化建国际招标有限责任公司、某城市建设投资有限公司为被告，向一审法院提起诉讼。

一审法院认为：被告某城市建设投资有限公司系招投标的业主方，某航技国际经贸发展有限公司、某航建国际招标有限责任公司为涉案招投标事务的代理机构。原告因业主方扣除其投标保证金产生的纠纷，应以业主方某城市建设投资有限公司作为被诉对象；某航技国际经贸发展有限公司、某航建国际招标有限责任公司作为招标代理机构，仅负责招标事务的办理，并未与原告存在任何实际的权利义务关系，不是本案的适格被告，故不能依据某航技国际经贸发展有限公司、某航建国际招标有限责任公司的住所地确定管辖。原告可依据业主方某城市建设投资有限公司的住所地或者招投标文件中约定的管辖条款向有管辖权的法院提起诉讼。裁定对原告的起诉不予受理。二审准许撤回上诉。

二、法律分析

（一）关键法条

《招标投标法》

第十二条 招标人有权自行选择招标代理机构，委托其办理招标事宜。任何单位和个人不得以任何方式为招标人指定招标代理机构。

招标人具有编制招标文件和组织评标能力的，可以自行办理招标事宜。任何单位和个人不得强制其委托招标代理机构办理招标事宜。

依法必须进行招标的项目，招标人自行办理招标事宜的，应当向有关行政监督部门备案。

第十三条 招标代理机构是依法设立、从事招标代理业务并提供相关服务的社会中介组织。

招标代理机构应当具备下列条件：

（一）有从事招标代理业务的营业场所和相应资金；

（二）有能够编制招标文件和组织评标的相应专业力量。

第十四条 招标代理机构与行政机关和其他国家机关不得存在隶属关系或者其他利益关系。

第十五条 招标代理机构应当在招标人委托的范围内办理招标事宜，并遵守本法关于招标人的规定。

《招标投标法实施条例》

第十二条 招标代理机构应当拥有一定数量的具备编制招标文件、组织评标等相应能力的专业人员。

第十三条 招标代理机构在招标人委托的范围内开展招标代理业务，任何单位和个人不得非法干涉。

招标代理机构代理招标业务，应当遵守招标投标法和本条例关于招标人的规定。招标代理机构不得在所代理的招标项目中投标或者代理投标，也不得为所代理的招标项目的投标人提供咨询。

第十四条 招标人应当与被委托的招标代理机构签订书面委托合同，合同约定的收费标准应当符合国家有关规定。

（二）要点简析

1. 招标代理应获得招标人的合法授权

招标代理机构受招标人委托组织招标。在开展招标活动之前，必须获得招标人的正式授权，这是招标机构开展招标业务的法律依据。授权的范围由招标人确定，招标代理机构也应根据工作的需要提出相应的要求。经过招标人和招标代理机构协商一致后，双方签订委托招标合同或协议。特别指出的是，招标人可以委托招标代理机构负责定标，考虑到不同的定标程序授权的范围不同，有关各方承担责任的大小也不一样。因此，委托方和招标机构在开始招标前，应商定定标程序和授权范围。

2. 明确约定招标代理取费依据和标准

招标人和代理机构双方在签订代理合同时，应详细约定招标代理取费依据和标准。如本节案例 2，双方对×装置项目的招标代理费是应按照货物招标的收费标准计算代理费还是应按照工程招标的收费标准计算代理费产生纠纷，久而不决，最后拖过了诉讼时效，造成招标代理机构应收的招标代理费无法获得法院的支持。

3. 招标代理机构有权在授权范围内自主开展业务

招标代理机构作为代理人，必须在委托的权限范围即代理权限范围内实施代理行为。同时，《招标投标法实施条例》第十三条规定，招标代理机构在招标人委托的范围内开展招标代理业务，任何单位和个人不得非法干涉。招标人在内的任何单位和个人不得授意或者强令招标代理机构从事违法违规行为。

4. 招标代理机构的行为后果由招标人承担

招标代理机构在招标人委托的权限范围内，以招标人的名义办理招标事宜，为招标人取得权利、设定义务。因此，在招标投标活动中，尽管投标人基本只与招标代理机构联系，但招标代理机构是代表招标人的利益与投标人联系，行为后果也由招标人承担。招标代理机构仅负责招标事务的办理，并未与投标人存在任何实际的权利义务关系，不是案件的适格被告。当然，招标代理机构只有在授权范围内进行的民事活动，才能被视为被代理人的行为，被代理的招标人才对招标代理机构的行为的法律后果承担民事责任。

三、防控重点

招标代理机构是依法设立、从事招标代理业务并提供相关服务的社会中介组织。招标代理机构接受招标人的委托，代为办理有关招标事宜，如编制招标文件、组织评标、协调合同的签订和履行等。近年来，我国的招标代理业务有了长足的发展，专业招标代理机构的工作对保证招标质量，提高招标效益起到了有益的作用。招标代理机构应当依法开展招标代理业务。

1. 代理机构编制的招标文件应完整、严谨

招标代理机构应当有能够编制招标文件的相应专业力量。招标文件是整个招标过程所遵循的法律性文件，是投标和评标的依据，而且是构成合同的重要组成部分。为了保证招标投标活动的公平、公正，招标人和投标人之间一般不作直接的交流和沟通，因此投标人只能根据招标文件的要求编写投标文件。招标文件是联系、沟通招标人与投标人的桥梁。招标代理机构编制的招标文件是否完整、严谨，直接影响招标活动的质量，也是招标成败的关键。

编制招标文件应注重的工作：①对投标人资格做出一定的限制，在保证充分竞争的前提下，尽量使合格的投标人参与投标。②对投标文件的制作做出详细的规定，使投标人按照统一的要求和格式编写投标文件，达到准确响应招标文件要求的目的。③为招标人当好技术参谋，保证招标文件的质量和深度，防止漏洞。

2. 代理机构应严格按程序组织评标

评标是招标活动中的重要环节，是体现公开、公平、公正的关键环节。专职招标代理机构与投标人之间没有具体的业务往来，更方便利用中介“第三者”的身份严格按招标文件要求和评标标准组织评标，以维护招标的公正性，保证招标的效果。一方面，招标代理机构要为评标委员会创造一个保密、和谐的工作环境，避免评标委员会受到外界压力干扰使评标工作难以进行。另一方面，在评标前还应做好细致的准备工作。如评标用表尽量设计得具有可实施性。技术评分项中对技术指标响应情况的评价等尽量把指标细项一一列为评审内容，方便评标专家打分，也

避免因表述过于笼统评标专家马虎应对的情况。

3. 代理机构应尽量做好招标人与中标人之间的协调工作

在合同签订过程中，招标人处于较为主动的地位，可能会通过变更合同内容、再作实质性谈判等把招标以外的条件强加给中标人，产生不平等的协议。中标人也可能因市场变化等，找各种理由拒绝或拖延签订合同。招标代理机构是招标的组织者，可以作为中间人从中协调，以确保合同按期、按招标条件顺利签订。

4. 正确应对招标代理资格要求的变化

招标代理机构取消资格认定，相当于取消市场准入门槛。招标代理机构不再需要取得资质证书即可承办招标代理业务，将会有越来越多的机构拥入招标代理市场。招标代理市场的竞争加剧将带来新的一轮行业洗牌。但是招标人选择招标代理的范围会更宽，将更多地考察招标代理机构的自身业绩、实力和专业能力。相关部门的监管模式也将更加创新。在无法通过发放资质证书限制不符合条件的代理机构的情况下，将倒逼行政部门创新监管模式，对招标代理行为进行主动监督，并通过畅通投标人投诉举报渠道等，更迅速地得到招标代理机构的违法信息，及时予以查处。因此，招标代理机构更应加强自身建设，公正、独立、勤勉地履行代理职责，促进企业和行业的健康发展。

第八章 居　间

第一节　招标投标中的合法居间费用受法律保护

一、案例

案例 1： 为投标而居间的合同有效，居间费用应当支付

案号：（2019）豫 13 民终 1445 号

2017 年 8 月 8 日，原告贾某与被告中某公司签订光电照明工程居间协议一份。约定原告为甲方推荐有意向的光电工程目标客户，当原告与目标客户谈至有合作意向时，原告通知被告介入，被告必须积极与原告推荐的项目业主方对接、谈判、参与项目业主方的招投标议程，直至被告与项目业主方合作成功，签订工程合作协议，原告的居间服务结束。佣金按被告与业主方最终签订的项目合同总金额的 8%支付。如果未及时支付，则按本合同金额的 10%向原告支付违约金。

合同签订后，被告参加了某区道路照明系统改造提升工程项目特许经营项目的投标并中标。中标价格为 5629 万元。中某公司先后于 2017 年 9 月 10 日、2017 年 11 月 16 日、2017 年 11 月 30 日向原告支付佣金 20 万元、30 万元、10 万元，共计 60 万元。剩余部分佣金贾某多次向中某公司追要未果，诉至法院。

一审法院认为，贾某、中某公司签订的光电照明工程居间协议，是双方当事人在自愿的基础上签订的，是其真实意思表示，符合法律规定，应为有效合同。判决被告向原告支付尚未支付的佣金 393.32 万元。二审维持关于居间合同效力的认定，审明事实后变更判决为被告向原告支付 128 万元。

案例 2： 居间公司代表人签订合同并领取费用视为居间费已支付

案号：（2018）鲁 01 民终 2566 号

2013 年 6 月，原告博某公司与被告盛某公司建立业务关系，口头约定由博某公司为盛某公司生产的产品参与某集团集中招标事宜开展合作。2014 年 1 月 3 日，博某公司、盛某公司签订合作协议书。仲某代表博某公司签字，加盖博某公司的印章。盛某公司按照中标后最终与业主方签订商务合同总额的 5%向博某公司支付居间费用。2014 年 1 月 8 日

至 2015 年 8 月 17 日，盛某公司合计支付给博某公司 82.6 万元。博某公司开给盛某公司的发票共 15 张合计 1 411 630 元。双方就仲某领取的款项是否属于盛某公司向博某公司应支付的佣金产生诉讼。博某公司认为，盛某公司认识仲某在前，明知仲某不是博某公司的员工，但仍将属于博某公司的款项转账至仲某个人账户，应属盛某公司与仲某共同侵犯博某公司利益的行为，应对博某公司的应得款项承担共同还款责任。

一审法院认为，由于双方在签订协议时，仲某作为博某公司方的代表签字，盛某公司有理由相信仲某可以代表博某公司。结合仲某第一次领款 20 万元博某公司知晓，且并未向盛某公司提出异议，之后仲某两次领款，时间跨度较长，博某公司也未提出异议，并向盛某公司交付发票的情况看，一审法院认定盛某公司向仲某交付款项符合双方之间交易惯例，仲某所收到的款项应视为盛某公司已经向博某公司交付并无不当。如博某公司一方存在对于仲某的授权不明的情况，亦应由导致授权不明一方承担风险。博某公司否认仲某系其员工，博某公司与仲某之间的纠纷应当另行处理。判决驳回博某公司的诉讼请求。二审维持原判。

二、法律分析

（一）关键法条

《合同法》

第四百二十四条　居间合同是居间人向委托人报告订立合同的机会或者提供订立合同的媒介服务，委托人支付报酬的合同。

第四百二十六条　居间人促成合同成立后，委托人应当按照约定支付报酬。对居间人的报酬没有约定或者约定不明确，依照本法第六十一条的规定仍不能确定的，根据居间人的劳务合理确定。因居间人提供订立合同的媒介服务而促成合同成立的，由该合同的当事人平均负担居间人的报酬。

居间人促成合同成立的，居间活动的费用，由居间人负担。

第四百二十七条　居间人未促成合同成立的，不得要求支付报酬，但可以要求委托人支付从事居间活动支出的必要费用。

（二）要点简析

根据我国的相关规定，大量项目、工程和货物、服务采购都纳入了必须招投标的范畴，还有不少原不属于必须招投标的项目，为确保其公平、公正、公开，也采取了招投标的方式。由于一般招投标的项目标的较大，因此，参加招投标也成为许多企业重要的业务来源渠道，同时，也催生了居间行业的发展。

1. 居间合同的特征

居间合同是居间人向委托人报告订立合同的机会或者提供订立合同的媒介服务，委托人支付报酬的合同。居间合同特征为：①委托人是否与第三人订立合同，与居间人无关，居间人不是委托人与第三人之间的合同的当事人。②居间人对委托人与第三人之间的合同没有介入权。居间人只负责传达双方意思，起牵线搭桥的作用，对合同没有实质的介入权。

2. 居间人的权利和义务

居间人是为委托人与第三人进行民事法律行为报告信息机会或提供媒介联系的中间人。一是居间人有报酬请求权。居间人行使报酬请求权采取报酬后付，即以合同因其报告或媒介成立为限。合同未成立的，不得请求报酬；合同虽成立但无效时，居间人也不能请求报酬。二是居间人有费用偿还请求权。居间活动的费用一般由居间人负担，但当事人在居间合同中约定由委托人承担费用的，居间人对其已付的费用有偿还请求权。居间人的义务主要有：报告订约机会或者提供订立合同媒介的义务；如实报告订立合同的有关事项和其他有关信息的义务；隐名和保密的义务。

3. 招标投标活动的居间合法有效

我国法律没有禁止政府采购项目合同的居间。招标公告虽为公开事项，但并非公开事项即众所周知。公开招标的事项也存在向他人报告招投标和订立合同机会的情形。招投标活动遵循公开、公正、公平和诚实信用原则，但并非有居间行为就违反了招投标活动原则。在本节案例 1 中，双方当事人均未提供招标人与投标人之间有违反《招投标法》等相关法律规定存在恶意串标的事实，因此双方签订的光电照明工程居间协议并不违反法律规定。贾某为履行其与中某公司签订的居间合同，完成了项目咨询、考察、联系施工单位等工作，且项目已中标，即取得了居间费用请求权。

三、防控重点

招投标活动中，居间行为较为常见，且不为法律所禁止。签订居间合同应注意以下几点：

1. 准确拟定合同名称

居间不同于授权代理。居间人不以任何一方的名义参加民事活动。因此，如果合同中所约定的服务确为居间服务，则应在合同名称及内容中进行明确，要避免出现与委托授权、代理等相混淆的内容。

2. 注意居间行为的合法性

约定居间时，要分析约定的居间服务内容是否会违反相关法律、法规的规定，以避免导致合同无效。如招投标的居间，应避免出现招标代理机构或其工作人员居间、招标人的工作人员居间、投标人之间串标等违法行为的内容。

3. 应详细约定居间服务内容

合同中应将居间人提供的具体居间服务内容约定清楚，包括居间成功的标准、居间的费用、居间人提供居间服务的期限、方式及证明方法、变更情况、双方的保密和忠实义务等，以避免对是否提供了居间服务及是否实现居间目的而产生争议，更好地维护当事各方的利益。

第二节　违法居间涉嫌犯罪的应当承担刑事责任

一、案例

案例1：为中标收取居间费而组织串标，居间合同无效

案号：（2017）桂0103民初13009号

2015年10月9日，文某与龙某签订工程居间合同约定：龙某提供某美化亮化工程项目的真实信息，促成文某指定单位在项目业主方组织的招投标中中标并签订项目施工合同；文某负责提供中标单位的资质证书、营业执照等材料，负责和业主方进行谈判和签订合同；龙某承诺中标单位为文某指定的四某建设工程有限公司；居间报酬为项目施工合同总价的13%。后双方又签订补充协议，约定中标价等内容。2016年2月

15日，某美化亮化工程发布中标公告，文某指定的公司并未中标。文某诉至法院要求龙某退回居间费并支付违约金及资金占用费。

法院认为，文某与龙某签订的工程居间合同和补充协议显示双方核心的权利义务关系是，龙某组织多家公司参与投标，促成文某指定的公司在项目招标过程中标。中标后文某给付相应的报酬，意在通过非正常的竞标手段谋取中标，违反了公平、公开、公正和诚实信用的招标投标原则，扰乱了尊重秩序规则的招投标市场，损害了其他投标人的合法权益，双方签订的工程居间合同和补充协议应为无效。判决被告向原告返还居间费，驳回原告关于违约金及资金占用费等其他诉讼请求。

案例2：为居间向国家工作人员行贿，被判处刑罚

案号：（2017）京01刑初30号

2012年初，被告人刘某与某能公司签订协议，由刘某帮助某能公司提高在某集团集中招标采购项目中的中标率和中标量，约定按照中标额的2%支付咨询服务费。为方便服务费支付，某能公司与福某公司签订合同，中标后由福某公司留下某能公司咨询服务费的20%后，把80%的服务费取出以现金给刘某。刘某在每次某能公司投标后、某集团公布中标结果前一两天告诉福某公司某能公司的中标情况，福某公司再转告某能公司，证明刘某有能力帮助某能公司中标。2012年4月至2014年1月期间，某能公司共向福某公司支付762万余元咨询服务费。被告人刘某先后多次给予虞某以及某集团分公司副总经理于某（已判刑）、张某（另案处理）共计人民币305万余元。法院认为，被告人刘某为获取某能公司的中标信息，在向虞某、于某支付钱款时，明知虞某、于某收取的部分代理费用于谋取不正当利益，其行为符合行贿罪的构成要件。判决被告人刘某犯行贿罪，判处有期徒刑七年六个月。

案例3：虚构身份谎称帮助中标诈骗财物，被判处刑罚

案号：（2018）浙0781刑初236号

被告人孙某于1970年入职某钢集团公司，先后在该公司从事宣传教育、制氧车间技术、人事保卫、动力厂车间仪表工等工作，于2008年12月退休。2013年以来，被告人孙某以非法占有为目的，虚构事实、隐瞒真相，谎称自己是某集团总经理和某省省委主要领导妻舅等身份，吹嘘自己在社会各方面都有很好的关系能够为他人拓展业务、项目投标等

提供帮助为名实施诈骗，先后与某电器有限公司等签订聘用合作协议和骗取招投标业务提成等，骗取他人财物合计 199.33 261 万元。一审判处被告人孙某犯诈骗罪，判处有期徒刑十一年。

二、法律分析

（一）关键法条

《合同法》

第五十二条 有下列情形之一的，合同无效：

（一）一方以欺诈、胁迫的手段订立合同，损害国家利益；

（二）恶意串通，损害国家、集体或者第三人利益；

（三）以合法形式掩盖非法目的；

（四）损害社会公共利益；

（五）违反法律、行政法规的强制性规定。

第四百二十四条 居间合同是居间人向委托人报告订立合同的机会或者提供订立合同的媒介服务，委托人支付报酬的合同。

《招标投标法》

第五十三条 投标人相互串通投标或者与招标人串通投标的，投标人以向招标人或者评标委员会成员行贿的手段谋取中标的，中标无效，处中标项目金额千分之五以上千分之十以下的罚款，对单位直接负责的主管人员和其他直接责任人员处单位罚款数额百分之五以上百分之十以下的罚款；有违法所得的，并处没收违法所得；情节严重的，取消其一年至二年内参加依法必须进行招标的项目的投标资格并予以公告，直至由工商行政管理机关吊销营业执照；构成犯罪的，依法追究刑事责任。给他人造成损失的，依法承担赔偿责任。

《招标投标法实施条例》

第八十条 国家工作人员利用职务便利，以直接或者间接、明示或者暗示等任何方式非法干涉招标投标活动，有下列情形之一的，依法给予记过或者记大过处分；情节严重的，依法给予降级或者撤职处分；情节特别严重的，依法给予开除处分；构成犯罪的，依法追究刑事责任：

（一）要求对依法必须进行招标的项目不招标，或者要求对依法应当公开招标的项目不公开招标；

（二）要求评标委员会成员或者招标人以其指定的投标人作为中标候选人或者中标人，或者以其他方式非法干涉评标活动，影响中标结果；

（三）以其他方式非法干涉招标投标活动。

（二）要点简析

招投标领域里的居间行为有发生腐败和诈骗行为的风险，招投标中的居间业务可能存在权钱交易，但并不代表招投标活动中不能存在居间行为。我国《招标投标法》《政府采购法》《合同法》等法律、行政法规并未禁止在招投标活动中的居间行为。目前法院对于招投标活动中的居间行为存在的合理性观点基本一致，认为虽然招标公告属于公开事项，但由于招标公告的发布渠道、方式等各有不同，无法做到众所周知。因此，即便是公开招标的项目，客观上也存在向他人报告招标信息和订立合同机会的情形，以及协助办理投标事项，促成和撮合投标人与招标人建立合同关系的情况。因此，认可招投标活动中居间合同的法律效力，既不违反法律规定，又符合现实需要。

居间人是合法、正常的居间人，还是非法的掮客，主要看其在居间过程中是否有围标、串标、行贿、诈骗等法律法规所禁止的行为。

三、防控重点

1. 招投标过程中提供居间服务活动不得违法

我国虽没有禁止招投标活动中从事居间活动，投标人可以将自己投标活动中所办理的投标事项委托他人代理或者协助进行。但是居间人在进行居间活动的时候，应当遵循公平、公开、公证和诚实信用原则，不得违反《建筑法》和《招标投标法》规定，以不正当手段或其他违法行为干预、影响中标。如果居间人组织投标人相互串通投标、以向招标人或者评标委员会成员行贿的手段谋取中标的，中标无效，相应地将导致居间服务合同也无效，不仅居间服务费无法主张，还有可能受到行政处罚，甚至承担刑事责任。如本节案例 2。

2. 不得约定保证中标条款

为了明确界定居间效果，当事双方可能在居间合同中有“保证”中标和中标底价的约定。如有“保证签订合同”“获取其他投标报价”“与评委沟通”等类似约定，则可能涉嫌存在以居间为名，实则从事行贿、串标等违法行为。如本节案例 1，居间人不仅承诺经过居间保证中标单位为指定公司，还约定了串标价格。法院认为，招投标活动中居间服务过程中，应当遵循公平、公开、公证和诚实信用原则，不能以不正当手段或其他违法行为干预、影响中标。司法实践中，“保证中标条款”可能被法院认定为以合法形式掩盖非法目的，从而认定居间服务合同无效。无效的合同自始无效，双方约定的违约责任等将无法主张。

3. 招标人、招标代理机构及其工作人员不应作为居间人

招标人和招标代理机构不应另有居间活动。招标人和招标代理机构工作人员应被排除在居间人之外。招标人与招标代理机构及其工作人员作为居间人，可能会涉及行贿、受贿、串通投标等违法犯罪行为。因此，应禁止此类情形发生。

附录 相关法律、法规和参考文献

一、招标投标法律法规

1.《中华人民共和国招标投标法》

1990 年 8 月 30 日第九届全国人民代表大会常务委员会第十一次会议通过，根据 2017 年 12 月 27 日第十二届全国人民代表大会常务委员会第三十一次会议《关于修改〈中华人民共和国招标投标法〉、〈中华人民共和国计量法〉的决定》修正。

2.《中华人民共和国招标投标法实施条例》

2011 年 12 月 20 日国务院令第 613 号公布，根据 2017 年 3 月 1 日国务院令第 676 号《关于修改和废止部分行政法规的决定》第一次修订，根据 2018 年 3 月 19 日国务院令第 698 号《关于修改和废止部分行政法规的决定》第二次修订。

3.《中华人民共和国政府采购法》

2002 年 6 月 29 日第九届全国人民代表大会常务委员会第二十八次会议通过，根据 2014 年 8 月 31 日第十二届全国人民代表大会常务委员会第十次会议《关于修改〈中华人民共和国保险法〉等五部法律的决定》修正。

4.《中华人民共和国政府采购法实施条例》

2015 年 1 月 30 日国务院令第 658 号公布。

5.《必须招标的工程项目规定》

2018 年 3 月 8 日国务院国函〔2018〕56 号批准，2018 年 3 月 27 日国家发展改革委令第 16 号公布。

6.《必须招标的基础设施和公用事业项目范围规定》

发改法规规〔2018〕843 号，2018 年 6 月 6 日国家发展改革委发布。

7.《工程建设项目招标范围和规模标准规定》

2000 年 5 月 1 日国家发展计划委员会令第 3 号，《必须招标的工程项目规定》施行后废止。

8.《招标公告和公示信息发布管理办法》

2017 年 11 月 23 日国家发展改革委令第 10 号公布。

9.《评标委员会和评标方法暂行规定》

2001 年 7 月 5 日国家发展计划委员会、国家经济贸易委员会、建设部、铁道部、交通部、信息产业部、水利部令第 12 号公布，根据 2013 年 3 月 11 日国家发展改革委等九部委令第 23 号修正。

10.《评标专家和评标专家库管理暂行办法》

2003 年 2 月 22 日国家发展计划委员会令第 29 号公布，根据 2013 年 3 月 11 日国家发展改革委等九部委令第 23 号修正。

11.《电子招标投标办法》

2013 年 2 月 4 日国家发展改革委、工业和信息化部、监察部、住房和城乡建设部、交通运输部、铁道部、水利部、商务部令第 20 号公布。

12.《工程建设项目勘察设计招标投标办法》

2003 年 6 月 12 日国家发展改革委、建设部、铁道部、交通部、信息业部、水利部、中国民用航空总局、国家广播电影电视总局令第 2 号公布，根据 2013 年 3 月 11 日国家发展改革委等九部委令 23 号修正。

13.《工程建设项目施工招标投标办法》

2003 年 3 月 8 日国家发展计划委员会、建设部、铁道部、交通部、信息产业部、水利部、中国民用航空总局令第 30 号公布，根据 2013 年 3 月 11 日国家发展改革委等九部委令第 23 号修正。

14.《工程建设项目招标投标活动投诉处理办法》

2004 年 6 月 21 日国家七部委第 11 号令公布，根据 2013 年 3 月 11 日《关于废止和修改部分招标投标规章和规范性文件的决定》2013 年第 23 号令修正。

二、其他法律法规

1.《中华人民共和国刑法》

2017 年 11 月 4 日第十二届全国人民代表大会常务委员会第三十次会议通过中华人民共和国刑法修正案（十）。修改后的刑法自 2017 年 11 月 4 日公布之日起施行。

2.《中华人民共和国民法总则》《中华人民共和国民法通则》

《中华人民共和国民法通则》经 1986 年 4 月 12 日第六届全国人民代表大会第四次会议通过，自 1987 年 1 月 1 日起施行，于 2009 年 8 月 27

日修正。共9章156条。2017年3月15日第十二届全国人民代表大会第五次会议通过《中华人民共和国民法总则》。《中华人民共和国民法通则》《中华人民共和国民法总则》是对民事活动中一些共同性问题所作的法律规定，是民法体系中的一般法。

3.《中华人民共和国民事诉讼法》

1991年4月9日第七届全国人民代表大会第四次会议通过。根据2007年10月28日第十届全国人民代表大会常务委员会第三十次会议《关于修改〈中华人民共和国民事诉讼法〉的决定》第一次修正，根据2012年8月31日第十一届全国人民代表大会常务委员会第二十八次会议《关于修改〈中华人民共和国民事诉讼法〉的决定》第二次修正，根据2017年6月27日第十二届全国人民代表大会常务委员会第二十八次会议《关于修改〈中华人民共和国民事诉讼法〉和〈中华人民共和国行政诉讼法〉的决定》第三次修正。

4.《中华人民共和国合同法》

经1999年3月15日第九届全国人民代表大会第二次会议通过，自1999年10月1日起施行。共23章428条。

5.《中华人民共和国建筑法》

经1997年11月1日第八届全国人大常委会第二十八次会议通过，根据2011年4月22日第十一届全国人大常委会第二十次会议《关于修改〈中华人民共和国建筑法〉的决定》修正。

6.《中华人民共和国公司法》

1993年12月29日第八届全国人民代表大会常务委员会第五次会议通过，1999年、2004年、2005年、2013年、2018年多次修正修订。

7.《承装（修、试）电力设施许可证管理办法》国家电力监管委员会令（第6号）

经2005年1月5日国家电力监管委员会令第6号发布，于2009年12月18日修订。

三、司法解释

1. 最高人民法院关于适用《中华人民共和国民事诉讼法》的解释（法释〔2015〕5号）

2．最高人民法院关于适用《中华人民共和国合同法》若干问题的解释（二）（法释〔2009〕5号）

3．最高人民法院关于审理建设工程施工合同纠纷案件适用法律若干问题的解释（法释〔2004〕14号）

4．最高人民法院关于审理建设工程施工合同纠纷案件适用法律问题的解释（二）（法释〔2018〕20号）

四、规范性文件

1.《建筑业企业资质标准》（建市〔2014〕159号），2018年根据《住房城乡建设部关于修改〈建筑业企业资质管理规定〉等部门规章的决定》进行修改。

2．《国务院办公厅关于促进建筑业持续健康发展的意见》（国办发〔2017〕19号）

3．《住房和城乡建设部办公厅关于开展建筑企业跨省承揽业务监督管理专项检查的通知》（建办市函〔2018〕160号）

4.《住房和城乡建设部关于推动建筑市场统一开放若干规定的通知》（建市〔2015〕140号）

5．《关于对公共资源交易领域严重失信主体开展联合惩戒的备忘录》（发改法规〔2018〕457号）

6．《建筑工程施工发包与承包违法行为认定查处管理办法》（建市规〔2019〕1号）

7．关于印发《公平竞争审查制度实施细则（暂行）》的通知（发改价监〔2017〕1849号）

8．关于印发《工程项目招投标领域营商环境专项整治工作方案》的通知（发改办法规〔2019〕862号）

9．《关于施工招标项目电子投标文件雷同认定与处理的指导意见》（闽建筑〔2018〕29号）

五、参考文献

白如银．招标投标法律解读与风险防范实务［M］．中国法制出版社，2019.

后　　记

近年来，国家电网有限公司遵循公开、公平、公正和诚实信用的原则，坚持“一级平台管控、两级集中采购”，不断建立健全招标采购工作机制、监督机制和法律保障机制，坚持以合理的价格选择安全可靠的产品和优质的服务，不仅达到法定规模和标准的工程、货物、服务做到应招尽招，各级供电企业还通过内部制度降低规模和标准，将一大部分尚未达到法定规模和标准的工程、货物和服务也纳入了招标范围，为维护公平竞争的市场秩序、保障电网的安全稳定运行发挥了巨大的作用。

电网安全运行关系国家能源安全和国民经济命脉，工程和产品质量备受各方关注。电网企业的招标投标活动，既有专业性，又有普遍性。作为电网企业的招标投标活动从业人员，既要严格按照法律法规的要求规范地开展招标投标活动，还要充分考虑行业特点，遵守企业内部规定，尽最大可能满足电网安全和供电服务的需求，确保招标采购目标全面实现。

本书与已出版的《县级供电企业常见法律纠纷案例评析（营销、农电类）》《供电企业常见法律纠纷案例评析（人资管理类）》《供电企业刑事法律案例分析与风险防范》同属一个系列，基本的编写思路仍是通过真实的案例分析，结合工作实际找到存在的危险点，从而启迪风险思维，加强日常基础管理，深化专业防范控制，不断提高电网企业招标采购、合同管理的工作质量和效率。

本书所摘取的案例均来自可公开查询的“裁判文书网”。除电网企业案例外，本书收集了较大一部分其他行业的案例。他山之石，可以攻玉。招标投标活动的基本原则和法理在各行各业是相通的。其他行业的案例对电网企业招标采购从业人员也有很好的借鉴作用。另外，虽然我国《招标投标法》和《政府采购法》分别形成了各自的体系，但两者之间的基本原理是相通的，大部分规定也基本没有冲突，值得企业招标借鉴和参考。因此，虽然电网企业招标采购以《招标投标法》为指引，书中还是收录了部分政府采购的案例供读者参考。

为了节省阅读时间，编者对这些案例进行简单介绍，便于供电企业的非法律人士顺利阅读。案情简介在保留有借鉴意义的案情细节前提下尽量简化，以便读者能够用最少的精力获取最多的信息。为了便于读者更好地了解案情的来龙去脉，每个案例都标明了案号。读者如果想了解更详细的案情介绍，可以通过网络查找到相关判决书。受篇幅的限制，还有很多案例未收入，有需要的读者，可以向编者索取。

感谢国网宁夏电力的白如银为本书作序。白老师作序前认真审阅了初稿，在案例选取、行文方式等方面提出了很好的建议，并且在法条依据、否决投标条件等方面指正了编者的模糊认识。白老师严谨的治学态度、对法律条文的熟练掌握和对法理的精准把握值得敬佩。

感谢国网浙江电力的魏泳、谢志远先生为本书审稿。两位老师都是资深的招标采购专业专家。谢志远先生同时也是国家电网有限公司培训师，在行业内有很高的声誉。再次感谢两位老师在繁忙的工作之余，能够以如此认真的态度审阅本书并提供专业的修改意见。

本书借鉴了相关专著的观点，得到了国网浙江电力王重阳先生的鼓励和鞭策，得到了领导、同事和家人的理解与支持，借此机会一并表示感谢。

知之者不如好之者，好之者不如乐之者。感谢这段辛苦而快乐的历程。在电网业务与法律运用之间寻找联系、搭起桥梁，是一项很有趣的工作。不管在哪个岗位，编者都将一如既往地系统学习、深入研究，继续观察、收集和整理，为可爱而又忙碌的同事们，献上更加简明、适用的法律操作和指引手册。

限于编者水平，本书的不足之处，敬请读者批评指正。